특별한 다섯 마디 중국어

황명주 지음

동양북스

특별한 다섯 마디 중국어

초판 1쇄 인쇄 | 2020년 7월 10일
초판 1쇄 발행 | 2020년 7월 15일

지은이 | 황명주
발행인 | 김태웅
편　집 | 신효정, 양수아
디자인 | 정혜미, 남은혜
마케팅 | 나재승
제　작 | 현대순

발행처 | (주)동양북스
등　록 | 제 2014-000055호
주　소 | 서울시 마포구 동교로22길 14 (04030)
구입 문의 | 전화 (02)337-1737　팩스 (02)334-6624
내용 문의 | 전화 (02)337-1763　dybooks2@gmail.com

ISBN　979-11-5768-631-5　13720

▶ 도서출판 동양북스에서는 소중한 원고, 새로운 기획을 기다리고 있습니다.
http://www.dongyangbooks.com

이 도서의 국립중앙도서관 출판예정도서목록(CIP)은 서지정보유통지원시스템 홈페이지(http://seoji.nl.go.kr)와 국가자료공동목록시스템(http://www.nl.go.kr/ kolisnet)에서 이용하실 수 있습니다. (CIP제어번호:CIP2020024482)

머리말

『특별한 다섯 마디 중국어』는 입문에서
기초로 넘어가는 단계의 중국어 회화&어휘 책입니다.

15년 동안 중국어를 강의하면서 쌓은 필자의 노하우를 바탕으로,
꼭 필요한 중국어 표현을 가장 쉽고 간단하게 풀어냈습니다.

중국어에서 가장 많이 쓰이는 동사 단어 50개와
형용사 단어 50개로 구성한 책으로, 하루 10분만 투자하면
한 단어로 다섯 마디가 술술 나오는 경험을 하게 될 것입니다.

회화 책이지만 문장성분을 함께 알려주어
중국어 문장구조도 자연스럽게 익힐 수 있습니다.

HSK 3급과 회화 시험인 TSC 3급에 바로 도전할 수 있는
어휘량을 갖출 수 있고, 여러분이 표현하고자 하는 것을
중국어로 자유롭게 표현할 수 있게 될 것입니다.

중국어의 기초를 튼튼하게 다질 수 있는
선물 같은 책, 『특별한 다섯 마디 중국어』
당신의 첫 중국어 선생님이 되어 드리겠습니다.

황명주

목차

동사편

형용사편

◇ 이 책의 구성과 특징 ◇

가장 유용한 단어 100개만!

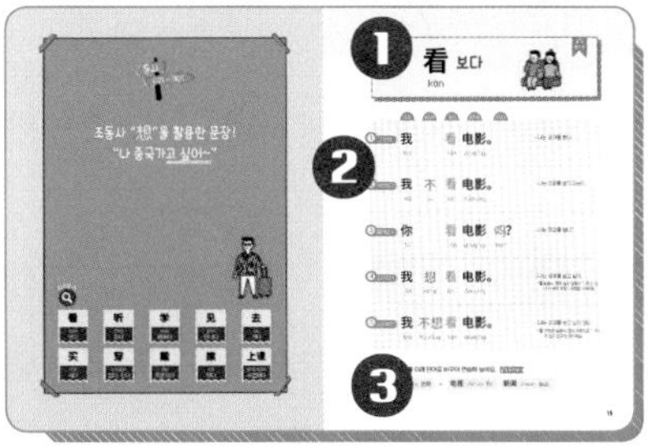

❶ 중국어에서 가장 많이 쓰이는 동사 단어 50개와, 형용사 단어 50개를 제시했어요. 앞으로 여러분의 중국어 인생에 꾸준히 등장할 유용한 단어들이에요!

❷ 위의 메인 단어를 활용하여, 중국어의 기본 어순에 맞춘 다섯 문장을 제시했어요. 각 품사는 모두 같은 위치에 배열하여, 헷갈리지 않게 문장 성분을 이해할 수 있어요! 회색으로 된 메인 단어는 따라 쓰면서 한자까지 익혀 보세요.

❸ 주어나 목적어를 바꾸어서 응용해 볼 수 있는 단어를 제시했어요. 메인 문장에 바꾸어 넣어 연습해 보세요.

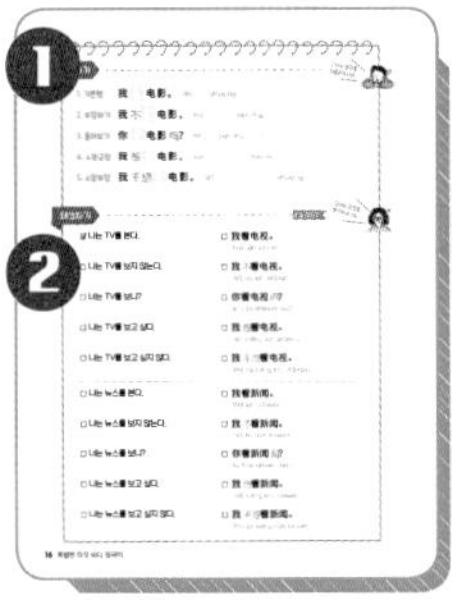

복습하고 체크하며 내 것 만들기!

❶ 앞에서 배운 단어를 한자와 한어병음을 따라 쓰면서 익혀보세요.

❷ 앞 페이지 하단의 보충단어들을 활용하여 배운 어순에 맞추어 넣은 문장이에요. 본인이 연습한 것이 맞는지 비교해 보세요.

연습문제로 확실하게 다지기!

다섯 단어마다 연습문제를 제시했어요. 다양한 유형의 문제를 풀면서 배운 단어와 문장을 연습해 보세요.

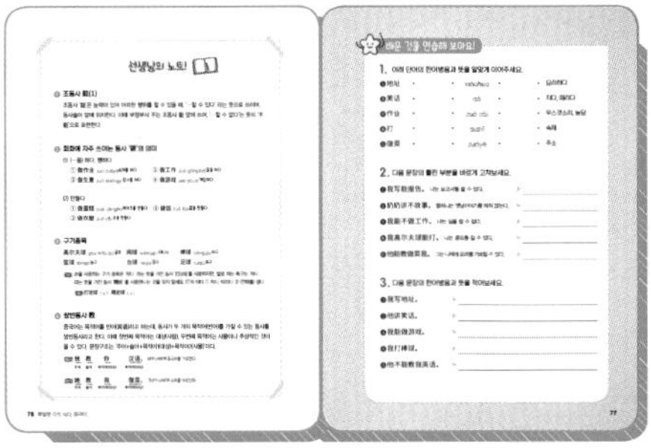

선생님의 비법이 담긴 노트 엿보기!

단어와 기본 어순을 배우며 보충해야 할 어법 설명이나, 추가단어를 '선생님의 노트'에 공개했어요. 중국어의 구조를 좀 더 탄탄하게 익힐 수 있답니다.

이것만 알고 가요!

1. 품사

단어를 어법 성격에 따라 나눈 것으로, '–사' 로 끝나는 것을 '품사'라고 해요.

1) 동사

사람이나 사물의 동작 · 행위를 나타내는 단어

- 동작동사: 일반적인 동작을 나타내는 동사
  예 说 shuō 말하다 | 吃 chī 먹다 | 喝 hē 마시다 | 学 xué 배우다
- 심리동사: 심리활동을 나타내는 동사
  예 重视 zhòngshì 중시하다 | 相信 xiāngxìn 믿다 | 希望 xīwàng 희망하다 | 喜欢 xǐhuan 좋아하다 | 担心 dānxīn 걱정하다 | 讨厌 tǎoyàn 미워하다 | 害怕 hàipà 무서워하다
- 방향동사: 방향을 나타내는 동사
  예 来 lái 오다 | 去 qù 가다 | 上 shàng 오르다 | 下 xià 내리다 | 进 jìn 들어가다 | 出 chū 나가다 | 起 qǐ 일어나다
- 판단동사: 판단의 어기나 존재 상태를 나타내는 동사
  예 是 shì …이다 | 有 yǒu 가지고 있다(소유), 있다(존재) | 无 wú 없다, …아니다

2) 조동사

아직 일어나지 않은 일로, 할 수 있고, 원하는 것을 나타낼 때, 동사 앞에서 동사를 꾸며주는 역할

예 能 néng …할 수 있다 | 要 yào …해야 한다, …하려고 하다 | 应该 yīnggāi 마땅히 …해야 한다 | 可以 kěyǐ …해도 된다 | 想 xiǎng …하고 싶다 | 会 huì (배워서) …할 수 있다

3) 명사

사람과 사물의 명칭을 나타내는 단어

- 고유명사
  예 韩国 Hánguó 한국 | 首尔 Shǒu'ěr 서울 | 景福宫 Jǐngfúgōng 경복궁 | 东大门 Dōngdàmén 동대문

• 추상명사: 추상적인 사물을 나타내는 명사

예 友谊 yǒuyì 우정 | 爱情 àiqíng 사랑 | 质量 zhìliàng 품질 | 方法 fāngfǎ 방법

• 방위명사: 방향을 나타내는 명사

예 上 shàng 위 | 下 xià 아래 | 左 zuǒ 왼쪽 | 右 yòu 오른쪽 | 前 qián 앞 | 后 hòu 뒤 | 中间 zhōngjiān 중간 | 东西南北 dōng xī nán běi 동서남북

4) 대사(대명사)

• 인칭대사: 사람 혹은 사물을 대신하는 단어

예 我 wǒ 나 | 你 nǐ 너 | 您 nín 당신 | 他 tā 그(남자) | 她 tā 그녀 | 它 tā 그(사물, 동물) | 我们 wǒmen 우리 | 你们 nǐmen 너희들 | 他们 tāmen 그들 | 她们 tāmen 그녀들 | 它们 tāmen 그것들 | 咱们 zánmen 우리 | 自己 zìjǐ 자기, 자신 | 别人 biéren 타인 | 大家 dàjiā 여러분

• 의문대사: 문장에서 의문을 나타내는 단어. 吗 없이 의문문을 만들 수 있음.

예 谁 shéi 누구 | 什么时候 shénme shíhòu 언제 | 哪儿 nǎr 어디 | 哪里 nǎlǐ 어디 | 什么 shénme 무엇 | 怎么 zěnme 어떻게 | 为什么 wèishéme 왜 | 怎么样 zěnmeyàng 어떻습니까 | 多 duō 얼마나 | 多么 duōme 얼마나 | 多少 duōshǎo 얼마

• 지시대사 : 사람이나 사물을 구별하는 데 사용하는 단어

예 这 zhè 이것 | 那 nà 저것 | 这些 zhèxiē 이것들 | 那些 nàxiē 저것들 | 这儿 zhèr 여기 | 那儿 nàr 저기 | 这里 zhèlǐ 여기 | 那里 nàlǐ 저기

5) 형용사

사물의 형태, 성질, 색깔, 상태를 나타내는 단어

예 高 gāo 키가 크다 | 矮 ǎi 키가 작다 | 胖 pàng 뚱뚱하다 | 瘦 shòu 마르다 | 胆小 dǎnxiǎo 소심하다 | 大方 dàfāng 대범하다 | 美丽 měilì 아름답다 | 红 hóng 빨갛다

6) 부사

동사나 형용사를 꾸며주고, 제한하는 단어로, 시간부사, 빈도부사, 범위부사, 어기부사, 정도부사 등이 있음

예 马上 mǎshàng 곧, 바로 | 就 jiù 바로 | 常常 chángcháng 자주 | 都 dōu 모두 | 很 hěn 매우 | 非常 fēicháng 대단히

7) 개사(전치사)

명사나 대명사 앞에 놓여 구별 · 제한을 나타내는 단어

예 在 zài …에서 | 给 gěi …에게 | 往 wǎng …쪽으로 | 把 bǎ …을/를

8) 수사

숫자, 순서를 나타내는 단어

예 一 yī 1 | 二 èr 2 | 三 sān 3 | 四 sì 4 | 五 wǔ 5 | 六 liù 6 | 七 qī 7 | 八 bā 8 | 九 jiǔ 9 | 十 shí 10 | 一百 yì bǎi 100 | 一千 yì qiān 1000 | 一万 yí wàn 10000 | 第一 dì yī 첫번째 | 第二 dì èr 두번째 | 第三 dì sān 세번째

9) 양사

단위를 나타내는 명사. 사물의 수량을 나타낼 때, 명사 앞에서 수사와 함께 명사를 수식하는 역할

예 个 ge 명, 개 [사람, 사물을 세는 단위] | 本 běn 권 [책을 세는 단위] | 张 zhāng 장 [종이, 침대 등을 세는 단위] | 件 jiàn 벌 [옷을 세는 단위] | 杯 bēi 잔 [잔을 세는 단위] | 瓶 píng 병 [병을 세는 단위]

10) 접속사

문장과 문장을 연결하는 단어. 병렬관계 · 전환관계 · 선택관계 · 가정관계 등을 나타냄

因为…, 所以… yīnwèi…suǒyǐ… …때문에 그래서…하다

虽然…, 但是… suīrán… dànshì… 비록… 하지만…

不但…, 而且… búdàn…, érqiě… … 뿐(만) 아니라 또한…

那 nà 那么 nàme 그러면, 그렇다면

既…, 又… jì…yòu… …하고 (또)…하다

11) 조사

단어나 문장을 보조하는 역할을 하며 의미를 가지지 않음

- 구조조사 的 de | 得 de | 地 de
- 동태조사 了 le | 着 zhe | 过 guo
- 어기조사 啊 a | 吗 ma | 吧 ba | 呢 ne

12) 감탄사

다른 문장성분으로부터 독립되어, 감탄 · 부름 · 응답을 나타내는 단어

예 喂 wèi 야. 어이. 여보세요. [부르는 소리] | 哼 hēng 응. [가볍게 대답하는 소리] | 哦 ó 어! 어머! 어허! [놀람 · 찬탄 따위를 나타냄] | 哎呀 āiyā 아이코! 아이고! [원망 · 불만 · 아쉬움 · 놀라움 따위를 나타냄]

13) 의성사

동물, 식물, 날씨, 동작 등의 소리를 글자화 한 단어

예 汪汪 wāngwāng 멍멍 [개 짖는 소리] | 喵 miāo 야옹 [고양이 울음소리] | 呜 wū 엉엉 [우는 소리], 빵빵, 삑 [기적이나 경적소리]

2. 문장성분

문장 안에서 품사가 하는 역할로, 필수 성분과 수식 성분으로 나뉘어요.

중국어 문장 기본 어순

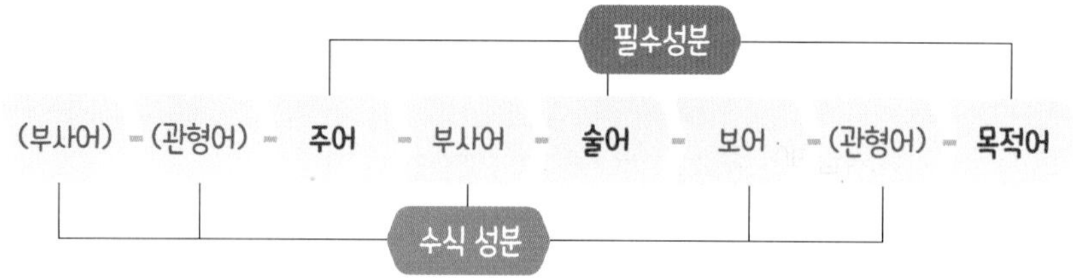

1) 주어

문장 서술의 주체로, 명사 · 대명사 · 수사 · 명사화 된 형용사 등이 주어를 구성한다.

2) 술어

주어가 어떤 동작을 하고, 어떤 상태인지를 설명한다. 주로 동사가 술어 역할을 하며, 주어 뒤에 온다.

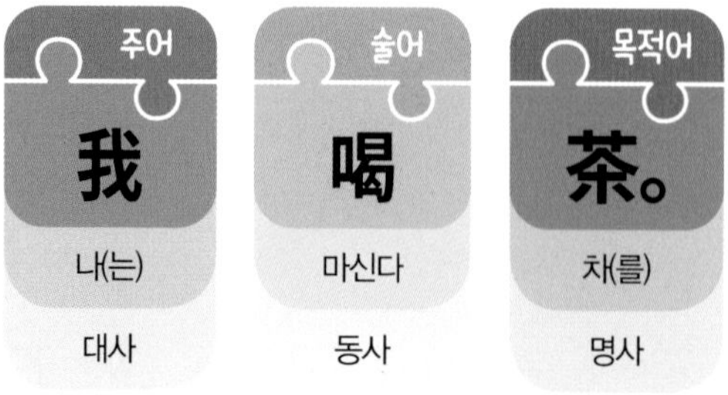

3) 목적어

동작의 대상으로, 주로 동사 뒤에 위치한다. 목적어는 명사 · 대사 · 수사 등으로 이루어진다.

주어	술어	목적어
我	去	学校。
나(는)	간다	학교(에)
대사	동사	명사

4) 부사어

문장 제일 앞, 혹은 주어와 술어 사이에서 술어를 꾸며주는 역할을 한다. 부사 · 조동사 · 개사구가 술어 앞에서 술어를 수식하는 부사어 역할을 한다.

주어	부사어	술어
糖葫芦	很	好吃。
탕후루는	매우	맛있다
명사	부사	형용사

주어	부사어	술어	목적어
我	想	听	音乐。
나는	…하고 싶다	듣다	음악을
명사	조동사	동사	명사

주어	부사어	술어	목적어
我	给你	打	电话。
내가	너에게	걸다	전화를
명사	개사구	동사	명사

5) 관형어

주어나 목적어 앞에 위치하며, 명사를 수식하는 역할을 한다. 수사 · 양사 / 지시사 · 양사 / 주술구 的 / 명사(的) / 동사 的 / 형용사 的 등으로 이루어진다.

주어	술어	관형어	목적어
我	吃了	爱人做的	饭。
나(는)	먹었다	아내가 만든	밥(을)
대사	동사	주술구(명사+동사) 的	명사

주어	술어	관형어	목적어
我	吃了	一碗	饭。
나(는)	먹었다	한 공기의	밥(을)
대사	동사	수사+양사	명사

6) 보어

술어 뒤에서 술어의 결과 · 정도 · 방향 · 가능 · 수량 등을 보충 설명하는 역할을 한다.

주어	부사어	결과보어	목적어	
我	吃	完	饭	了。
나(는)	먹다	끝내다	밥(을)	
대사	동사	동사	명사	어기조사

* 나는 밥을 다 먹었다.

동사
001 ~ 005

조동사 "想"을 활용한 문장!
"나 중국가고 싶어~"

미리보기

- 看 kàn 보다
- 听 tīng 듣다
- 学 xué 배우다
- 见 jiàn 만나다
- 去 qù 가다
- 买 mǎi 사다
- 穿 chuān 입다, 신다
- 戴 dài 착용하다
- 擦 cā 닦다
- 上课 shàngkè 수업하다

001 A

001 看 보다

kàn

	주어	부사어	술어	목적어	어기조사	
① 기본형	我 Wǒ		看 kàn	电影。 diànyǐng.		▸ 나는 영화를 본다.
② 부정하기	我 Wǒ	不 bú	看 kàn	电影。 diànyǐng.		▸ 나는 영화를 보지 않는다.
③ 물어보기	你 Nǐ		看 kàn	电影 diànyǐng	吗? ma?	▸ 너는 영화를 보니?
④ 소망긍정	我 Wǒ	想 xiǎng	看 kàn	电影。 diànyǐng.		▸ 나는 영화를 보고 싶다. 조동사 想은 동사 앞에서 "…하고 싶다"는 뜻의 희망 · 소망을 나타내요.
⑤ 소망부정	我 Wǒ	不想 bù xiǎng	看 kàn	电影。 diànyǐng.		▸ 나는 영화를 보고 싶지 않다. 不想은 조동사 想의 부정으로 "…하고 싶지 않다"는 뜻이에요.

★목적어 电影을 아래 단어로 바꾸어 연습해 보세요. 001 B

电影 diànyǐng 영화 ▸ 电视 diànshì TV 新闻 xīnwén 뉴스

복습하기

단어와 문장을
떠올려보세요.

1. 기본형 我 ___ 电影。 Wǒ ___ diànyǐng.
2. 부정하기 我不 ___ 电影。 Wǒ ___ ___ diànyǐng.
3. 물어보기 你 ___ 电影吗? Nǐ ___ diànyǐng ___?
4. 소망긍정 我想 ___ 电影。 Wǒ ___ ___ diànyǐng.
5. 소망부정 我不想 ___ 电影。 Wǒ ___ ___ ___ diànyǐng.

체크하기

001C

단어와 문장을
확인해보세요.

☑ 나는 TV를 본다. — ☐ 我看电视。 Wǒ kàn diànshì.

☐ 나는 TV를 보지 않는다. — ☐ 我不看电视。 Wǒ bú kàn diànshì.

☐ 너는 TV를 보니? — ☐ 你看电视吗? Nǐ kàn diànshì ma?

☐ 나는 TV를 보고 싶다. — ☐ 我想看电视。 Wǒ xiǎng kàn diànshì.

☐ 나는 TV를 보고 싶지 않다. — ☐ 我不想看电视。 Wǒ bù xiǎng kàn diànshì.

☐ 나는 뉴스를 본다. — ☐ 我看新闻。 Wǒ kàn xīnwén.

☐ 나는 뉴스를 보지 않는다. — ☐ 我不看新闻。 Wǒ bú kàn xīnwén.

☐ 너는 뉴스를 보니? — ☐ 你看新闻吗? Nǐ kàn xīnwén ma?

☐ 나는 뉴스를 보고 싶다. — ☐ 我想看新闻。 Wǒ xiǎng kàn xīnwén.

☐ 나는 뉴스를 보고 싶지 않다. — ☐ 我不想看新闻。 Wǒ bù xiǎng kàn xīnwén.

002

002 A

听 듣다

tīng

	주어	부사어	술어	목적어	어기조사	
① 기본형	我 Wǒ		听 tīng	歌。 gē.		▶ 나는 노래를 듣는다.
② 부정하기	我 Wǒ	不 bù	听 tīng	歌。 gē.		▶ 나는 노래를 듣지 않는다.
③ 물어보기	你 Nǐ		听 tīng	歌 gē	吗? ma?	▶ 너는 노래를 듣니?
④ 소망긍정	我 Wǒ	想 xiǎng	听 tīng	歌。 gē.		▶ 나는 노래를 듣고 싶다.
⑤ 소망부정	我 Wǒ	不想 bù xiǎng	听 tīng	歌。 gē.		▶ 나는 노래를 듣고 싶지 않다.

★목적어 歌를 아래 단어로 바꾸어 연습해 보세요. 002 B

歌 gē 노래 ▶ 韩国歌 Hánguó gē 한국 노래　录音 lùyīn 녹음

복습하기

단어와 문장을 떠올려보세요.

1. 기본형 我 ___ 歌。 Wǒ ___ gē.
2. 부정하기 我不 ___ 歌。 Wǒ ___ ___ gē.
3. 물어보기 你 ___ 歌吗? Nǐ ___ gē ___?
4. 소망긍정 我想 ___ 歌。 Wǒ ___ ___ gē.
5. 소망부정 我不想 ___ 歌。 Wǒ ___ ___ ___ gē.

체크하기

002 C

단어와 문장을 확인해보세요.

☑ 나는 한국 노래를 듣는다. — ☐ 我听韩国歌。 Wǒ tīng Hánguó gē.

☐ 나는 한국 노래를 듣지 않는다. — ☐ 我不听韩国歌。 Wǒ bù tīng Hánguó gē.

☐ 너는 한국 노래를 듣니? — ☐ 你听韩国歌吗? Nǐ tīng Hánguó gē ma?

☐ 나는 한국 노래를 듣고 싶다. — ☐ 我想听韩国歌。 Wǒ xiǎng tīng Hánguó gē.

☐ 나는 한국 노래를 듣고 싶지 않다. — ☐ 我不想听韩国歌。 Wǒ bù xiǎng tīng Hánguó gē.

☐ 나는 녹음을 듣는다. — ☐ 我听录音。 Wǒ tīng lùyīn.

☐ 나는 녹음을 듣지 않는다. — ☐ 我不听录音。 Wǒ bù tīng lùyīn.

☐ 너는 녹음을 듣니? — ☐ 你听录音吗? Nǐ tīng lùyīn ma?

☐ 나는 녹음을 듣고 싶다. — ☐ 我想听录音。 Wǒ xiǎng tīng lùyīn.

☐ 나는 녹음을 듣고 싶지 않다. — ☐ 我不想听录音。 Wǒ bù xiǎng tīng lùyīn.

003 学 배우다

xué

	주어	부사어	술어	목적어	어기조사	
① 기본형	我 Wǒ		学 xué	汉语。 hànyǔ.		▸ 나는 중국어를 배운다.
② 부정하기	我 Wǒ	不 bù	学 xué	汉语。 hànyǔ.		▸ 나는 중국어를 배우지 않는다.
③ 물어보기	你 Nǐ		学 xué	汉语 hànyǔ	吗? ma?	▸ 너는 중국어를 배우니?
④ 소망긍정	我 Wǒ	想 xiǎng	学 xué	汉语。 hànyǔ.		▸ 나는 중국어를 배우고 싶다.
⑤ 소망부정	我 Wǒ	不想 bù xiǎng	学 xué	汉语。 hànyǔ.		▸ 나는 중국어를 배우고 싶지 않다.

★목적어 汉语를 아래 단어로 바꾸어 연습해 보세요. 003 B

汉语 hànyǔ 중국어 ▶ 英语 yīngyǔ 영어 | 广场舞 guǎngchǎngwǔ 광장무

✚ 广场舞 guǎngchǎngwǔ 광장무 : 중국에서 이른 아침이나 이른 저녁 무렵에 중노년층이 공원이나 광장에 모여 추는 춤.

복습하기

단어와 문장을 떠올려보세요.

1. 기본형 我 ___ 汉语。 Wǒ ___ hànyǔ.
2. 부정하기 我不 ___ 汉语。 Wǒ ___ ___ hànyǔ.
3. 물어보기 你 ___ 汉语吗? Nǐ ___ hànyǔ ___?
4. 소망긍정 我想 ___ 汉语。 Wǒ ___ ___ hànyǔ.
5. 소망부정 我不想 ___ 汉语。 Wǒ ___ ___ ___ hànyǔ.

체크하기

003 C

단어와 문장을 확인해보세요.

☑ 나는 영어를 배운다.	☐ 我学英语。 Wǒ xué yīngyǔ.
☐ 나는 영어를 배우지 않는다.	☐ 我不学英语。 Wǒ bù xué yīngyǔ.
☐ 너는 영어를 배우니?	☐ 你学英语吗? Nǐ xué yīngyǔ ma?
☐ 나는 영어를 배우고 싶다.	☐ 我想学英语。 Wǒ xiǎng xué yīngyǔ.
☐ 나는 영어를 배우고 싶지 않다.	☐ 我不想学英语。 Wǒ bù xiǎng xué yīngyǔ.

☐ 나는 광장무를 배운다.	☐ 我学广场舞。 Wǒ xué guǎngchǎngwǔ.
☐ 나는 광장무를 배우지 않는다.	☐ 我不学广场舞。 Wǒ bù xué guǎngchǎngwǔ.
☐ 너는 광장무를 배우니?	☐ 你学广场舞吗? Nǐ xué guǎngchǎngwǔ ma?
☐ 나는 광장무를 배우고 싶다.	☐ 我想学广场舞。 Wǒ xiǎng xué guǎngchǎngwǔ.
☐ 나는 광장무를 배우고 싶지 않다.	☐ 我不想学广场舞。 Wǒ bù xiǎng xué guǎngchǎngwǔ.

004

见 만나다

jiàn

주어 | 부사어 | 술어 | 목적어 | 어기조사

① 기본형	我 Wǒ		见 jiàn	女朋友。nǚpéngyou.		▸ 나는 여자친구를 만난다.
② 부정하기	我 Wǒ	不 bú	见 jiàn	女朋友。nǚpéngyou.		▸ 나는 여자친구를 만나지 않는다.
③ 물어보기	你 Nǐ		见 jiàn	女朋友 nǚpéngyou	吗? ma?	▸ 너는 여자친구를 만나니?
④ 소망긍정	我 Wǒ	想 xiǎng	见 jiàn	女朋友。nǚpéngyou.		▸ 나는 여자친구를 만나고 싶다.
⑤ 소망부정	我 Wǒ	不想 bù xiǎng	见 jiàn	女朋友。nǚpéngyou.		▸ 나는 여자친구를 만나고 싶지 않다.

★목적어 女朋友를 아래 단어로 바꾸어 연습해 보세요. 004B

女朋友 nǚpéngyou 여자친구 ▶ 负责人 fùzérén 담당자 | 老板 lǎobǎn 사장

복습하기

단어와 문장을
떠올려보세요.

1. 기본형 我 ____ 女朋友。 Wǒ ____ nǚpéngyou.
2. 부정하기 我不 ____ 女朋友。 Wǒ ____ ____ nǚpéngyou.
3. 물어보기 你 ____ 女朋友吗? Nǐ ____ nǚpéngyou ____?
4. 소망긍정 我想 ____ 女朋友。 Wǒ ____ ____ nǚpéngyou.
5. 소망부정 我不想 ____ 女朋友。 Wǒ ____ ____ ____ nǚpéngyou.

체크하기

004 C

단어와 문장을
확인해보세요.

☑ 나는 담당자를 만난다.	□ 我见负责人。 Wǒ jiàn fùzérén.
□ 나는 담당자를 만나지 않는다.	□ 我不见负责人。 Wǒ bú jiàn fùzérén.
□ 너는 담당자를 만나니?	□ 你见负责人吗? Nǐ jiàn fùzérén ma?
□ 나는 담당자를 만나고 싶다.	□ 我想见负责人。 Wǒ xiǎng jiàn fùzérén.
□ 나는 담당자를 만나고 싶지 않다.	□ 我不想见负责人。 Wǒ bù xiǎng jiàn fùzérén.
□ 나는 사장님을 만난다.	□ 我见老板。 Wǒ jiàn lǎobǎn.
□ 나는 사장님을 만나지 않는다.	□ 我不见老板。 Wǒ bú jiàn lǎobǎn.
□ 너는 사장님을 만나니?	□ 你见老板吗? Nǐ jiàn lǎobǎn ma?
□ 나는 사장님을 만나고 싶다.	□ 我想见老板。 Wǒ xiǎng jiàn lǎobǎn.
□ 나는 사장님을 만나고 싶지 않다.	□ 我不想见老板。 Wǒ bù xiǎng jiàn lǎobǎn.

005

去 가다

qù

005A

주어 | 부사어 | 술어 | 목적어 | 어기조사

① 기본형	我 Wǒ		去 qù	中国。 Zhōngguó.		▸ 나는 중국에 간다.
② 부정하기	我 Wǒ	不 bú	去 qù	中国。 Zhōngguó.		▸ 나는 중국에 가지 않는다.
③ 물어보기	你 Nǐ		去 qù	中国 Zhōngguó	吗? ma?	▸ 너는 중국에 가니?
④ 소망긍정	我 Wǒ	想 xiǎng	去 qù	中国。 Zhōngguó.		▸ 나는 중국에 가고 싶다.
⑤ 소망부정	我 Wǒ	不想 bù xiǎng	去 qù	中国。 Zhōngguó.		▸ 나는 중국에 가고 싶지 않다.

★목적어 中国를 아래 단어로 바꾸어 연습해 보세요. 005B

中国 Zhōngguó 중국 ▶ 百货商店 bǎihuòshāngdiàn 백화점 | 咖啡厅 kāfēitīng 카페

복습하기

단어와 문장을
떠올려보세요.
?

1. 기본형 我 ___ 中国。 Wǒ ____ Zhōngguó.
2. 부정하기 我不 ___ 中国。 Wǒ ____ ____ Zhōngguó.
3. 물어보기 你 ___ 中国吗？ Nǐ ____ Zhōngguó ____?
4. 소망긍정 我想 ___ 中国。 Wǒ ______ _____ Zhōngguó.
5. 소망부정 我不想 ___ 中国。 Wǒ ____ ______ _____ Zhōngguó.

체크하기

005 C

단어와 문장을
확인해보세요.
!

☑ 나는 백화점에 간다.	□ 我去百货商店。 Wǒ qù bǎihuòshāngdiàn.
□ 나는 백화점에 가지 않는다.	□ 我不去百货商店。 Wǒ bú qù bǎihuòshāngdiàn.
□ 너는 백화점에 가니?	□ 你去百货商店吗? Nǐ qù bǎihuòshāngdiàn ma?
□ 나는 백화점에 가고 싶다.	□ 我想去百货商店。 Wǒ xiǎng qù bǎihuòshāngdiàn.
□ 나는 백화점에 가고 싶지 않다.	□ 我不想去百货商店。 Wǒ bù xiǎng qù bǎihuòshāngdiàn.
□ 나는 카페에 간다.	□ 我去咖啡厅。 Wǒ qù kāfēitīng.
□ 나는 카페에 가지 않는다.	□ 我不去咖啡厅。 Wǒ bú qù kāfēitīng.
□ 너는 카페에 가니?	□ 你去咖啡厅吗? Nǐ qù kāfēitīng ma?
□ 나는 카페에 가고 싶다.	□ 我想去咖啡厅。 Wǒ xiǎng qù kāfēitīng.
□ 나는 카페에 가고 싶지 않다.	□ 我不想去咖啡厅。 Wǒ bù xiǎng qù kāfēitīng.

배운 것을 연습해 보아요!

1. 아래 단어의 한어병음과 뜻을 알맞게 이어보세요.

❶ 电视 •	• lǎobǎn •	• 사장
❷ 韩国歌 •	• diànshì •	• 영어
❸ 英语 •	• yīngyǔ •	• 한국 노래
❹ 老板 •	• Zhōngguó •	• TV
❺ 中国 •	• Hánguó gē •	• 중국

2. 다음 문장의 틀린 부분을 바르게 고쳐보세요.

❶ 我想不看电影。 나는 영화를 보고 싶지 않다. ▶ ____________________

❷ 你歌听吗？ 너는 노래를 듣니? ▶ ____________________

❸ 我不想汉语学。 나는 중국어를 배우고 싶지 않다. ▶ ____________________

❹ 我见女朋友想。 나는 여자친구를 만나고 싶다. ▶ ____________________

❺ 我百货商店不去。 나는 백화점에 가지 않는다. ▶ ____________________

3. 다음 문장의 한어병음과 뜻을 적어보세요.

❶ 我看新闻。 ▶ ____________________

❷ 我不想听录音。 ▶ ____________________

❸ 我学广场舞。 ▶ ____________________

❹ 我见负责人。 ▶ ____________________

❺ 我去咖啡厅。 ▶ ____________________

선생님의 노트!

❶ 조동사 想

조동사는 동사술어 앞에 위치하여, 술어를 꾸며주는 부사어 역할을 한다. 소망을 나타내는 조동사 想은 '…하고 싶다' 라는 뜻으로, 부정은 '하고 싶지 않다'라는 뜻의 '不想'으로 표현한다.

긍정 我想去中国。 Wǒ xiǎng qù Zhōngguó. 나는 중국에 가고 싶다.

부정 我不想去中国。 Wǒ bù xiǎng qù Zhōngguó. 나는 중국에 가고 싶지 않다.

❷ 동사 看 뒤에 자주 쓰이는 명사

电影 diànyǐng 영화　电视 diànshì TV　新闻 xīnwén 뉴스　报纸 bàozhǐ 신문
书 shū 책　小说 xiǎoshuō 소설　漫画 mànhuà 만화　画儿 huàr 그림

❸ 나라 이름·언어

나라 이름

中国 Zhōngguó 중국　韩国 Hánguó 한국　美国 Měiguó 미국　英国 Yīngguó 영국
德国 Déguó 독일　法国 Fǎguó 프랑스　意大利 Yìdàlì 이탈리아　俄罗斯 Éluósī 러시아
日本 Rìběn 일본　越南 Yuènán 베트남

언어

汉语 hànyǔ 중국어　韩语 hányǔ 한국어　英语 yīngyǔ 영어　日语 rìyǔ 일어
越南语 yuènányǔ 베트남어　俄语 éyǔ 러시아어　德语 déyǔ 독어　法语 fǎyǔ 프랑스어

❹ 가족 호칭·인물 관련 명사

爸爸 bàba 아빠　妈妈 māma 엄마　哥哥 gēge 형, 오빠　姐姐 jiějie 누나, 언니
弟弟 dìdi 남동생　妹妹 mèimei 여동생　爷爷 yéye 할아버지　奶奶 nǎinai 할머니
姥爷 lǎoyé 외할아버지　姥姥 lǎolao 외할머니　丈夫 zhàngfu 남편　妻子 qīzi 아내
夫妻 fūqī 부부　父母 fùmǔ 부모　孩子 háizi 아이　儿子 érzi 아들
女儿 nǚ'ér 딸　叔叔 shūshu 삼촌　姑姑 gūgu 고모　舅舅 jiùjiu 외삼촌
老板 lǎobǎn 사장님　职员 zhíyuán 직원　负责人 fùzérén 책임자　顾客 gùkè 고객
男朋友 nánpéngyou 남자친구　女朋友 nǚpéngyou 여자친구

006A

006

买 사다

mǎi

	주어	부사어	술어	목적어	어기조사	
① 기본형	我 Wǒ		买 mǎi	衣服。 yīfu.		▸ 나는 옷을 산다.
② 부정하기	我 Wǒ	不 bù	买 mǎi	衣服。 yīfu.		▸ 나는 옷을 사지 않는다.
③ 물어보기	你 Nǐ		买 mǎi	衣服 yīfu	吗? ma?	▸ 너는 옷을 사니? 买(긍정)와 不买(부정)를 합쳐 买不买(사니 안 사니?)의 형태로 질문할 수 있어요. 이때 吗는 붙이지 않아요.
④ 소망긍정	我 Wǒ	想 xiǎng	买 mǎi	衣服。 yīfu.		▸ 나는 옷을 사고 싶다.
⑤ 소망부정	我 Wǒ	不想 bù xiǎng	买 mǎi	衣服。 yīfu.		▸ 나는 옷을 사고 싶지 않다.

★목적어 衣服 를 아래 단어로 바꾸어 연습해 보세요. 006B

衣服 yīfu 옷 ▶ 裙子 qúnzi 치마 | 彩票 cǎipiào 복권

복습하기

단어와 문장을 떠올려보세요.

1. 기본형 我 ___ 衣服。 Wǒ ______ yīfu.
2. 부정하기 我不 ___ 衣服。 Wǒ _____ ______ yīfu.
3. 물어보기 你 ___ 衣服吗? Nǐ ______ yīfu _____?
4. 소망긍정 我想 ___ 衣服。 Wǒ _______ ______ yīfu.
5. 소망부정 我不想 ___ 衣服。 Wǒ _____ _______ ______ yīfu.

체크하기

006 C

단어와 문장을 확인해보세요.

☑ 나는 치마를 산다. ☐ 我买裙子。 Wǒ mǎi qúnzi.

☐ 나는 치마를 사지 않는다. ☐ 我不买裙子。 Wǒ bù mǎi qúnzi.

☐ 너는 치마를 사니? ☐ 你买裙子吗? Nǐ mǎi qúnzi ma?

☐ 나는 치마를 사고 싶다. ☐ 我想买裙子。 Wǒ xiǎng mǎi qúnzi.

☐ 나는 치마를 사고 싶지 않다. ☐ 我不想买裙子。 Wǒ bù xiǎng mǎi qúnzi.

☐ 나는 복권을 산다. ☐ 我买彩票。 Wǒ mǎi cǎipiào.

☐ 나는 복권을 사지 않는다. ☐ 我不买彩票。 Wǒ bù mǎi cǎipiào.

☐ 너는 복권을 사니? ☐ 你买彩票吗? Nǐ mǎi cǎipiào ma?

☐ 나는 복권을 사고 싶다. ☐ 我想买彩票。 Wǒ xiǎng mǎi cǎipiào.

☐ 나는 복권을 사고 싶지 않다. ☐ 我不想买彩票。 Wǒ bù xiǎng mǎi cǎipiào.

007A

007 穿 입다, 신다

chuān

	주어	부사어	술어	목적어	어기조사	
① 기본형	我 Wǒ		穿 chuān	裤子。 kùzi.		▸ 나는 바지를 입는다.
② 부정하기	我 Wǒ	不 bù	穿 chuān	裤子。 kùzi.		▸ 나는 바지를 입지 않는다.
③ 물어보기	你 Nǐ		穿 chuān	裤子 kùzi	吗? ma?	▸ 너는 바지를 입니?
④ 소망긍정	我 Wǒ	想 xiǎng	穿 chuān	裤子。 kùzi.		▸ 나는 바지를 입고 싶다.
⑤ 소망부정	我 Wǒ	不想 bù xiǎng	穿 chuān	裤子。 kùzi.		▸ 나는 바지를 입고 싶지 않다.

★목적어 裤子를 아래 단어로 바꾸어 연습해 보세요. 007B

裤子 kùzi 바지 ▶ 连衣裙 liányīqún 원피스 | 运动鞋 yùndòngxié 운동화

복습하기

단어와 문장을
떠올려보세요.

1. 기본형 我＿＿裤子。 Wǒ ______ kùzi.
2. 부정하기 我不＿＿裤子。 Wǒ ____ ______ kùzi.
3. 물어보기 你＿＿裤子吗？ Nǐ ______ kùzi ____ ma?
4. 소망긍정 我想＿＿裤子。 Wǒ ______ ______ kùzi.
5. 소망부정 我不想＿＿裤子。 Wǒ ____ ______ ______ kùzi.

체크하기

007C

단어와 문장을
확인해보세요.

☑ 나는 원피스를 입는다.	□ 我穿连衣裙。 Wǒ chuān liányīqún.
□ 나는 원피스를 입지 않는다.	□ 我不穿连衣裙。 Wǒ bù chuān liányīqún.
□ 너는 원피스를 입니?	□ 你穿连衣裙吗? Nǐ chuān liányīqún ma?
□ 나는 원피스를 입고 싶다.	□ 我想穿连衣裙。 Wǒ xiǎng chuān liányīqún.
□ 나는 원피스를 입고 싶지 않다.	□ 我不想穿连衣裙。 Wǒ bù xiǎng chuān liányīqún.
□ 나는 운동화를 신는다.	□ 我穿运动鞋。 Wǒ chuān yùndòngxié.
□ 나는 운동화를 신지 않는다.	□ 我不穿运动鞋。 Wǒ bù chuān yùndòngxié.
□ 너는 운동화를 신니?	□ 你穿运动鞋吗? Nǐ chuān yùndòngxié ma?
□ 나는 운동화를 신고 싶다.	□ 我想穿运动鞋。 Wǒ xiǎng chuān yùndòngxié.
□ 나는 운동화를 신고 싶지 않다.	□ 我不想穿运动鞋。 Wǒ bù xiǎng chuān yùndòngxié.

008A

008 戴 착용하다

dài

	주어	부사어	술어	목적어	어기조사	
① 기본형	我 Wǒ		戴 dài	眼镜。 yǎnjìng.		▸ 나는 안경을 쓴다.
② 부정하기	我 Wǒ	没 méi	戴 dài	眼镜。 yǎnjìng.		▸ 나는 안경을 쓰지 않았다. 부정부사 没는 술어 앞에서 '…하지 않았다'라는 부정의 의미를 나타내며, 과거의 일을 부정할 때 쓰여요.
③ 물어보기	你 Nǐ		戴 dài	眼镜 yǎnjìng	吗? ma?	▸ 너는 안경을 쓰니?
④ 소망긍정	我 Wǒ	想 xiǎng	戴 dài	眼镜。 yǎnjìng.		▸ 나는 안경을 쓰고 싶다.
⑤ 소망부정	我 Wǒ	不想 bù xiǎng	戴 dài	眼镜。 yǎnjìng.		▸ 나는 안경을 쓰고 싶지 않다.

★목적어 眼镜을 아래 단어로 바꾸어 연습해 보세요. 008B

眼镜 yǎnjìng 안경 ▸ 手表 shǒubiǎo 손목시계 | 项链 xiàngliàn 목걸이

복습하기

단어와 문장을 떠올려보세요.

1. 기본형 我　　眼镜。 Wǒ ______ yǎnjìng.
2. 부정하기 我没　　眼镜。 Wǒ ______ ______ yǎnjìng.
3. 물어보기 你　　眼镜吗? Nǐ ______ yǎnjìng ______?
4. 소망긍정 我想　　眼镜。 Wǒ ________ ________ yǎnjìng.
5. 소망부정 我不想　　眼镜。 Wǒ _____ ________ _____ yǎnjìng.

체크하기

🎧 008C

단어와 문장을 확인해보세요.

☑ 나는 손목시계를 착용한다.　　☐ 我戴手表。
Wǒ dài shǒubiǎo.

☐ 나는 손목시계를 착용하지 않았다.　　☐ 我没戴手表。
Wǒ méi dài shǒubiǎo.

☐ 너는 손목시계를 착용하니?　　☐ 你戴手表吗?
Nǐ dài shǒubiǎo ma?

☐ 나는 손목시계를 착용하고 싶다.　　☐ 我想戴手表。
Wǒ xiǎng dài shǒubiǎo.

☐ 나는 손목시계를 착용하고 싶지 않다.　　☐ 我不想戴手表。
Wǒ bù xiǎng dài shǒubiǎo.

☐ 나는 목걸이를 착용한다.　　☐ 我戴项链。
Wǒ dài xiàngliàn.

☐ 나는 목걸이를 착용하지 않았다.　　☐ 我没戴项链。
Wǒ méi dài xiàngliàn.

☐ 너는 목걸이를 착용하니?　　☐ 你戴项链吗?
Nǐ dài xiàngliàn ma?

☐ 나는 목걸이를 착용하고 싶다.　　☐ 我想戴项链。
Wǒ xiǎng dài xiàngliàn.

☐ 나는 목걸이를 착용하고 싶지 않다.　　☐ 我不想戴项链。
Wǒ bù xiǎng dài xiàngliàn.

009 擦 닦다

cā

주어	부사어	술어	목적어	어기조사	
① 기본형					

① 기본형 我 擦 桌子。
Wǒ cā zhuōzi.
▸ 나는 책상을 닦는다.

② 부정하기 我 不 擦 桌子。
Wǒ bù cā zhuōzi.
▸ 나는 책상을 닦지 않는다.

③ 물어보기 你 擦 桌子 吗?
Nǐ cā zhuōzi ma?
▸ 너는 책상을 닦니?

④ 소망긍정 我 想 擦 桌子。
Wǒ xiǎng cā zhuōzi.
▸ 나는 책상을 닦고 싶다.

⑤ 소망부정 我 不想 擦 桌子。
Wǒ bù xiǎng cā zhuōzi.
▸ 나는 책상을 닦고 싶지 않다.

★목적어 桌子를 아래 단어로 바꾸어 연습해 보세요. 009 B

桌子 zhuōzi 책상 ▸ 窗户 chuānghu 창문 | 地板 dìbǎn 바닥

복습하기

단어와 문장을 떠올려보세요.

1. 기본형 我 ___ 擦桌子。 Wǒ ___ zhuōzi.
2. 부정하기 我不 ___ 桌子。 Wǒ ___ ___ zhuōzi.
3. 물어보기 你 ___ 桌子吗？ Nǐ ___ zhuōzi ma?
4. 소망긍정 我想 ___ 桌子。 Wǒ ___ ___ zhuōzi.
5. 소망부정 我不想 ___ 桌子。 Wǒ ___ ___ ___ zhuōzi.

체크하기

009C

단어와 문장을 확인해보세요.

- ☑ 나는 창문을 닦는다.
- ☐ 나는 창문을 닦지 않는다.
- ☐ 너는 창문을 닦니?
- ☐ 나는 창문을 닦고 싶다.
- ☐ 나는 창문을 닦고 싶지 않다.

- ☐ 我擦窗户。 Wǒ cā chuānghu.
- ☐ 我不擦窗户。 Wǒ bù cā chuānghu.
- ☐ 你擦窗户吗? Nǐ cā chuānghu ma?
- ☐ 我想擦窗户。 Wǒ xiǎng cā chuānghu.
- ☐ 我不想擦窗户。 Wǒ bù xiǎng cā chuānghu.

- ☐ 나는 바닥을 닦는다.
- ☐ 나는 바닥을 닦지 않는다.
- ☐ 너는 바닥을 닦니?
- ☐ 나는 바닥을 닦고 싶다.
- ☐ 나는 바닥을 닦고 싶지 않다.

- ☐ 我擦地板。 Wǒ cā dìbǎn.
- ☐ 我不擦地板。 Wǒ bù cā dìbǎn.
- ☐ 你擦地板吗? Nǐ cā dìbǎn ma?
- ☐ 我想擦地板。 Wǒ xiǎng cā dìbǎn.
- ☐ 我不想擦地板。 Wǒ bù xiǎng cā dìbǎn.

010 上课 수업하다

shàngkè

	주어	부사어	술어	목적어	어기조사	
① 기본형	我 Wǒ		上 shàng	汉语课。 hànyǔ kè.		▶ 나는 중국어 수업을 한다. 上课는 '上(하다)+课(수업)'로 이루어진 동사로, 목적어를 이미 가진 동사이며, '이합동사'라고 불러요.
② 부정하기	我 Wǒ	不 bú	上 shàng	汉语课。 hànyǔ kè.		▶ 나는 중국어 수업을 하지 않는다.
③ 물어보기	你 Nǐ		上 shàng	汉语课 hànyǔ kè	吗? ma?	▶ 너는 중국어 수업을 하니?
④ 소망긍정	我 Wǒ	想 xiǎng	上 shàng	汉语课。 hànyǔ kè.		▶ 나는 중국어 수업을 하고 싶다.
⑤ 소망부정	我 Wǒ	不想 bù xiǎng	上 shàng	汉语课。 hànyǔ kè.		▶ 나는 중국어 수업을 하고 싶지 않다.

★목적어 汉语를 아래 단어로 바꾸어 연습해 보세요. 010 B

汉语 hànyǔ 중국어 ▶ 英语 yīngyǔ 영어 韩语 hányǔ 한국어

복습하기

단어와 문장을
떠올려보세요.

1. 기본형　我 ______ 汉语 ____。 Wǒ ______ hànyǔ ____.
2. 부정하기　我不 ______ 汉语 ____。 Wǒ ____ ______ hànyǔ ____.
3. 물어보기　你 ______ 汉语 ____ 吗? Nǐ ______ hànyǔ ____ ma?
4. 소망긍정　我想 ______ 汉语 ____。 Wǒ ______ ______ hànyǔ ____.
5. 소망부정　我不想 ______ 汉语 ____。 Wǒ ____ ______ ______ hànyǔ ____.

체크하기

010 C

단어와 문장을
확인해보세요.

☑ 나는 영어 수업을 한다.	□ 我上英语课。 Wǒ shàng yīngyǔ kè.
□ 나는 영어 수업을 하지 않는다.	□ 我不上英语课。 Wǒ bú shàng yīngyǔ kè.
□ 너는 영어 수업을 하니?	□ 你上英语课吗? Nǐ shàng yīngyǔ kè ma?
□ 나는 영어 수업을 하고 싶다.	□ 我想上英语课。 Wǒ xiǎng shàng yīngyǔ kè.
□ 나는 영어 수업을 하고 싶지 않다.	□ 我不想上英语课。 Wǒ bù xiǎng shàng yīngyǔ kè.
□ 나는 한국어 수업을 한다.	□ 我上韩语课。 Wǒ shàng hányǔ kè.
□ 나는 한국어 수업을 하지 않는다.	□ 我不上韩语课。 Wǒ bú shàng hányǔ kè.
□ 너는 한국어 수업을 하니?	□ 你上韩语课吗? Nǐ shàng hányǔ kè ma?
□ 나는 한국어 수업을 하고 싶다.	□ 我想上韩语课。 Wǒ xiǎng shàng hányǔ kè.
□ 나는 한국어 수업을 하고 싶지 않다.	□ 我不想上韩语课。 Wǒ bù xiǎng shàng hányǔ kè.

배운 것을 연습해 보아요!

1. 아래 단어의 한어병음과 뜻을 알맞게 이어보세요.

❶ 彩票 •	• chuānghu •	• 운동화
❷ 韩语课 •	• yùndòngxié •	• 목걸이
❸ 窗户 •	• xiàngliàn •	• 한국어 수업
❹ 运动鞋 •	• hányǔ kè •	• 복권
❺ 项链 •	• cǎipiào •	• 창문

2. 아래 단어를 어순에 맞게 나열해보세요.

❶ 想 / 我 / 衣服 / 买

▶ ______________________________

❷ 吗 / 汉语课 / 你 / 上

▶ ______________________________

❸ 不 / 手表 / 我 / 戴 / 想

▶ ______________________________

3. 다음 문장의 틀린 부분을 바르게 고쳐보세요.

❶ 你买裙子吗? 너는 바지를 사니? ▶ ____________

❷ 我不英语上课。 나는 영어 수업을 하지 않는다. ▶ ____________

❸ 我擦地板不。 나는 바닥을 닦지 않는다. ▶ ____________

❹ 我连衣裙不想穿。 나는 원피스를 입고 싶지 않다. ▶ ____________

❺ 我眼镜没戴。 나는 안경을 쓰지 않았다. ▶ ____________

선생님의 노트!

❶ 부정부사 没

과거의 경험이나 사실을 부정하는 의미로, '…않다', '…않았다'의 뜻을 가진다.

예문 我没吃早饭。 Wǒ méi chī zǎofàn. 나는 아침을 먹지 않았다.

☞ 내가 오늘 아침을 먹지 않았다는 사실에 대한 과거 부정을 의미한다.

我不吃早饭。 Wǒ bù chī zǎofàn. 나는 아침밥을 먹지 않는다.

☞ 습관적으로 아침식사는 하지 않는 것을 의미한다.

❷ 의복·신발종류

의복

衬衫 chènshān 셔츠, 블라우스
T恤 T xù 티셔츠
裤子 kùzi 바지
短裤 duǎnkù 반바지
牛仔裤 niúzǎikù 청바지
裙子 qúnzi 치마
短裙 duǎnqún 짧은 치마
连衣裙 liányīqún 원피스
毛衣 máoyī 스웨터
大衣 dàyī 외투
雨衣 yǔyī 우비

신발

运动鞋 yùndòngxié 운동화
皮鞋 píxié 구두
拖鞋 tuōxié 슬리퍼
凉鞋 liángxié 샌들
靴子 xuēzi 부츠
平跟鞋 pínggēnxié 단화
高跟鞋 gāogēnxié 하이힐

❸ 이합동사

동사가 목적어를 이미 가진 동사를 '이합동사' 라고 한다. 이합동사는 목적어를 이미 가지고 있는 동사이므로, 뒤에 목적어를 취할 수 없다. 그러므로 동사 앞에 전치사의 도움을 받아 이합동사를 사용할 수 있다.

예문 나는 친구를 만난다.

★见 + 朋友(O)　　★见面 + 朋友 (X)　　★和朋友 + 见面 (O)

동사 见面은 이미 面이라는 목적어를 가진 동사로, 뒤에 목적어를 함께 쓸 수 없다. 그러므로 '…와' 라는 의미의 전치사 '和' 를 사용하여, 和朋友见面이라고 표현하는 것이 옳다.

★ 회화에서 자주 쓰이는 이합동사

上课 shàngkè 수업하다　　下课 xiàkè 수업을 마치다　　见面 jiànmiàn 만나다

帮忙 bāngmáng 일을 돕다　　结婚 jiéhūn 결혼하다　　回家 huí jiā 집으로 돌아가다

MEMO

조동사 "要"을 활용한 문장!
"나는 방을 정리하려고 해!"

미리보기

吃	喝	找	坐	整理
chī 먹다	hē 마시다	zhǎo 찾다	zuò 앉다, 타다	zhěnglǐ 정리하다
洗	安排	商量	换	拿
xǐ 씻다	ānpái 배치 · 처리하다	shāngliang 상의 · 의논하다	huàn 바꾸다	ná 들다, 잡다, 가져가다

011 吃 먹다

chī

011A

주어 | 부사어 | 술어 | 목적어 | 어기조사

① 기본형 **我 吃 面包。**
Wǒ chī miànbāo.
▸ 나는 빵을 먹는다.

② 부정하기 **我 不 吃 面包。**
Wǒ bù chī miànbāo.
▸ 나는 빵을 먹지 않는다.

③ 물어보기 **你 吃 面包 吗?**
Nǐ chī miànbāo ma?
▸ 너는 빵을 먹니?

④ 의지긍정 **我 要 吃 面包。**
Wǒ yào chī miànbāo.
▸ 나는 빵을 먹으려 한다.
要의 뜻
① '…하려고 하다' (의지)
② '…해야만 한다' (의무)

⑤ 의지부정 **我 不想 吃 面包。**
Wǒ bù xiǎng chī miànbāo.
▸ 나는 빵을 먹고 싶지 않다.
의지를 나타내는 要의 부정은, '…하고 싶지 않다'는 뜻의 不想이에요.

★목적어 面包를 아래 단어로 바꾸어 연습해 보세요. 011B

面包 miànbāo 빵 ▸ 寿司 shòusī 초밥 | 方便面 fāngbiànmiàn 라면

복습하기

단어와 문장을
떠올려보세요.

1. 기본형 我 ___ 面包。 Wǒ ____ miànbāo.
2. 부정하기 我不 ___ 面包。 Wǒ ____ ____ miànbāo.
3. 물어보기 你 ___ 面包吗？ Nǐ ____ miànbāo ____?
4. 의지긍정 我要 ___ 面包。 Wǒ ____ ____ miànbāo.
5. 의지부정 我不想 ___ 面包。 Wǒ ____ ______ ____ miànbāo.

체크하기

011 C

단어와 문장을
확인해보세요.

☑ 나는 초밥을 먹는다.	☐ 我吃寿司。 Wǒ chī shòusī.
☐ 나는 초밥을 먹지 않는다.	☐ 我不吃寿司。 Wǒ bù chī shòusī.
☐ 너는 초밥을 먹니?	☐ 你吃寿司吗? Nǐ chī shòusī ma?
☐ 나는 초밥을 먹으려 한다.	☐ 我要吃寿司。 Wǒ yào chī shòusī.
☐ 나는 초밥을 먹고 싶지 않다.	☐ 我不想吃寿司。 Wǒ bù xiǎng chī shòusī.
☐ 나는 라면을 먹는다.	☐ 我吃方便面。 Wǒ chī fāngbiànmiàn.
☐ 나는 라면을 먹지 않는다.	☐ 我不吃方便面。 Wǒ bù chī fāngbiànmiàn.
☐ 너는 라면을 먹니?	☐ 你吃方便面吗? Nǐ chī fāngbiànmiàn ma?
☐ 나는 라면을 먹으려 한다.	☐ 我要吃方便面。 Wǒ yào chī fāngbiànmiàn.
☐ 나는 라면을 먹고 싶지 않다.	☐ 我不想吃方便面。 Wǒ bù xiǎng chī fāngbiànmiàn.

012

喝 마시다

hē

012A

	주어	부사어	술어	목적어	어기조사	
① 기본형	我 Wǒ		喝 hē	咖啡。 kāfēi.		▸ 나는 커피를 마신다.
② 부정하기	我 Wǒ	不 bù	喝 hē	咖啡。 kāfēi.		▸ 나는 커피를 마시지 않는다.
③ 물어보기	你 Nǐ		喝 hē	咖啡 kāfēi	吗? ma?	▸ 너는 커피를 마시니?
④ 의지긍정	我 Wǒ	要 yào	喝 hē	咖啡。 kāfēi.		▸ 나는 커피를 마시려 한다.
⑤ 의지부정	我 Wǒ	不想 bù xiǎng	喝 hē	咖啡。 kāfēi.		▸ 나는 커피를 마시고 싶지 않다.

★목적어 咖啡를 아래 단어로 바꾸어 연습해 보세요. 012B

咖啡 kāfēi 커피 ▶ 啤酒 píjiǔ 맥주 | 果汁 guǒzhī 과일주스

복습하기

단어와 문장을
떠올려보세요.

1. 기본형 我 ____ 咖啡。 Wǒ ____ kāfēi.
2. 부정하기 我不 ____ 咖啡。 Wǒ ____ ____ kāfēi.
3. 물어보기 你 ____ 咖啡吗? Nǐ ____ kāfēi ____?
4. 의지긍정 我要 ____ 咖啡。 Wǒ ____ ____ kāfēi.
5. 의지부정 我不想 ____ 咖啡。 Wǒ ____ ____ ____ kāfēi.

체크하기

012 C

단어와 문장을
확인해보세요.

☑ 나는 맥주를 마신다.	□ 我喝啤酒。 Wǒ hē píjiǔ.
□ 나는 맥주를 마시지 않는다.	□ 我不喝啤酒。 Wǒ bù hē píjiǔ.
□ 너는 맥주를 마시니?	□ 你喝啤酒吗? Nǐ hē píjiǔ ma?
□ 나는 맥주를 마시려 한다.	□ 我要喝啤酒。 Wǒ yào hē píjiǔ.
□ 나는 맥주를 마시고 싶지 않다.	□ 我不想喝啤酒。 Wǒ bù xiǎng hē píjiǔ.

□ 나는 과일주스를 마신다.	□ 我喝果汁。 Wǒ hē guǒzhī.
□ 나는 과일주스를 마시지 않는다.	□ 我不喝果汁。 Wǒ bù hē guǒzhī.
□ 너는 과일주스 마시니?	□ 你喝果汁吗? Nǐ hē guǒzhī ma?
□ 나는 과일주스를 마시려 한다.	□ 我要喝果汁。 Wǒ yào hē guǒzhī.
□ 나는 과일주스를 마시고 싶지 않다.	□ 我不想喝果汁。 Wǒ bù xiǎng hē guǒzhī.

013 找 찾다

zhǎo

013A

	주어	부사어	술어	목적어	어기조사	
① 기본형	我 Wǒ		找 zhǎo	工作。 gōngzuò.		▸ 나는 일자리를 찾는다.
② 부정하기	我 Wǒ	不 bù	找 zhǎo	工作。 gōngzuò.		▸ 나는 일자리를 찾지 않는다.
③ 물어보기	你 Nǐ		找 zhǎo	工作 gōngzuò	吗? ma?	▸ 너는 일자리를 찾니?
④ 의지긍정	我 Wǒ	要 yào	找 zhǎo	工作。 gōngzuò.		▸ 나는 일자리를 찾으려 한다.
⑤ 의지부정	我 Wǒ	不想 bù xiǎng	找 zhǎo	工作。 gōngzuò.		▸ 나는 일자리를 찾고 싶지 않다.

★목적어 工作를 아래 단어로 바꾸어 연습해 보세요. 013 B

工作 gōngzuò 일자리 ▶ 钱包 qiánbāo 지갑 | 车钥匙 chē yàoshi 차 키

복습하기

단어와 문장을 떠올려보세요.

1. 기본형 我 ____ 工作。 Wǒ ______ gōngzuò.
2. 부정하기 我不 ____ 工作。 Wǒ ____ ______ gōngzuò.
3. 물어보기 你 ____ 工作吗? Nǐ ______ gōngzuò _____?
4. 의지긍정 我要 ____ 工作。 Wǒ _____ ______ gōngzuò.
5. 의지부정 我不想 ____ 工作。 Wǒ ____ ______ _____ gōngzuò.

체크하기

013 C

단어와 문장을 확인해보세요.

☑ 나는 지갑을 찾는다.	□ 我找钱包。 Wǒ zhǎo qiánbāo.
□ 나는 지갑을 찾지 않는다.	□ 我不找钱包。 Wǒ bù zhǎo qiánbāo.
□ 너는 지갑을 찾니?	□ 你找钱包吗? Nǐ zhǎo qiánbāo ma?
□ 나는 지갑을 찾으려 한다.	□ 我要找钱包。 Wǒ yào zhǎo qiánbāo.
□ 나는 지갑을 찾고 싶지 않다.	□ 我不想找钱包。 Wǒ bù xiǎng zhǎo qiánbāo.

□ 나는 차 키를 찾는다.	□ 我找车钥匙。 Wǒ zhǎo chē yàoshi.
□ 나는 차 키를 찾지 않는다.	□ 我不找车钥匙。 Wǒ bù zhǎo chē yàoshi.
□ 너는 차 키를 찾니?	□ 你找车钥匙吗? Nǐ zhǎo chē yàoshi ma?
□ 나는 차 키를 찾으려 한다.	□ 我要找车钥匙。 Wǒ yào zhǎo chē yàoshi.
□ 나는 차 키를 찾고 싶지 않다.	□ 我不想找车钥匙。 Wǒ bù xiǎng zhǎo chē yàoshi.

014 坐 앉다, 타다

zuò

014A

	주어	부사어	술어	목적어	어기조사	
① 기본형	我 Wǒ		坐 zuò	飞机。 fēijī.		▸ 나는 비행기를 탄다.
② 부정하기	我 Wǒ	不 bú	坐 zuò	飞机。 fēijī.		▸ 나는 비행기를 타지 않는다.
③ 물어보기	你 Nǐ		坐 zuò	飞机 fēijī	吗? ma?	▸ 너는 비행기를 타니?
④ 의지긍정	我 Wǒ	要 yào	坐 zuò	飞机。 fēijī.		▸ 나는 비행기를 타려 한다.
⑤ 의지부정	我 Wǒ	不想 bù xiǎng	坐 zuò	飞机。 fēijī.		▸ 나는 비행기를 타고 싶지 않다.

★목적어 飞机를 아래 단어로 바꾸어 연습해 보세요. 014B

飞机 fēijī 비행기 ▸ 地铁 dìtiě 지하철 | 高铁 gāotiě 고속철도

복습하기

단어와 문장을
떠올려보세요.

1. 기본형 我 ___ 飞机。 Wǒ ___ fēijī.
2. 부정하기 我不 ___ 飞机。 Wǒ ___ ___ fēijī.
3. 물어보기 你 ___ 飞机吗? Nǐ ___ fēijī ___?
4. 의지긍정 我要 ___ 飞机。 Wǒ ___ ___ fēijī.
5. 의지부정 我不想 ___ 飞机。 Wǒ ___ ___ ___ fēijī.

체크하기

014 C

단어와 문장을
확인해보세요.

☑ 나는 지하철을 탄다.	□ 我坐地铁。 Wǒ zuò dìtiě.
□ 나는 지하철을 타지 않는다.	□ 我不坐地铁。 Wǒ bú zuò dìtiě.
□ 너는 지하철을 타니?	□ 你坐地铁吗? Nǐ zuò dìtiě ma?
□ 나는 지하철을 타려 한다.	□ 我要坐地铁。 Wǒ yào zuò dìtiě.
□ 나는 지하철을 타고 싶지 않다.	□ 我不想坐地铁。 Wǒ bù xiǎng zuò dìtiě.

□ 나는 고속철도를 탄다.	□ 我坐高铁。 Wǒ zuò gāotiě.
□ 나는 고속철도를 타지 않는다.	□ 我不坐高铁。 Wǒ bú zuò gāotiě.
□ 너는 고속철도를 타니?	□ 你坐高铁吗? Nǐ zuò gāotiě ma?
□ 나는 고속철도를 타려 한다.	□ 我要坐高铁。 Wǒ yào zuò gāotiě.
□ 나는 고속철도를 타고 싶지 않다.	□ 我不想坐高铁。 Wǒ bù xiǎng zuò gāotiě.

015 整理 정리하다

zhěnglǐ

015A

	주어	부사어	술어	목적어	어기조사	
① 기본형	他 Tā		整理 zhěnglǐ	房间。 fángjiān.		▸ 그는 방을 정리한다.
② 부정하기	他 Tā	没 méi	整理 zhěnglǐ	房间。 fángjiān.		▸ 그는 방을 정리하지 않았다.
③ 물어보기	他 Tā		整理 zhěnglǐ	房间 fángjiān	吗? ma?	▸ 그는 방을 정리하니?
④ 의지긍정	他 Tā	要 yào	整理 zhěnglǐ	房间。 fángjiān.		▸ 그는 방을 정리하려 한다.
⑤ 의지부정	他 Tā	不想 bù xiǎng	整理 zhěnglǐ	房间。 fángjiān.		▸ 그는 방을 정리하고 싶지 않다.

★목적어 房间을 아래 단어로 바꾸어 연습해 보세요. 015B

房间 fángjiān 방 ▶ 行李 xíngli 짐, 여행가방 资料 zīliào 자료

복습하기

단어와 문장을 떠올려보세요.

1. 기본형 他 房间。 Tā ______ fángjiān.
2. 부정하기 他没 房间。 Tā ____ ______ fángjiān.
3. 물어보기 他 房间吗? Tā ______ fángjiān ____?
4. 의지긍정 他要 房间。 Tā ____ ______ fángjiān.
5. 의지부정 他不想 房间。 Tā ____ ____ ______ fángjiān.

체크하기

단어와 문장을 확인해보세요.

015 C

☑ 그는 짐을 정리한다.	□ 他整理行李。 Tā zhěnglǐ xíngli.
□ 그는 짐을 정리하지 않았다.	□ 他没整理行李。 Tā méi zhěnglǐ xíngli.
□ 그는 짐을 정리하니?	□ 他整理行李吗? Tā zhěnglǐ xíngli ma?
□ 그는 짐을 정리하려 한다.	□ 他要整理行李。 Tā yào zhěnglǐ xíngli.
□ 그는 짐을 정리하고 싶지 않다.	□ 他不想整理行李。 Tā bù xiǎng zhěnglǐ xíngli.
□ 그는 자료를 정리한다.	□ 他整理资料。 Tā zhěnglǐ zīliào.
□ 그는 자료를 정리하지 않았다.	□ 他没整理资料。 Tā méi zhěnglǐ zīliào.
□ 그는 자료를 정리하니?	□ 他整理资料吗? Tā zhěnglǐ zīliào ma?
□ 그는 자료를 정리하려 한다.	□ 他要整理资料。 Tā yào zhěnglǐ zīliào.
□ 그는 자료를 정리하고 싶지 않다.	□ 他不想整理资料。 Tā bù xiǎng zhěnglǐ zīliào.

배운 것을 연습해 보아요!

1. 아래 단어의 한어병음과 뜻을 알맞게 이어보세요.

❶ 方便面 •	• fāngbiànmiàn •	• 과일주스
❷ 果汁 •	• zīliào •	• 자료
❸ 钱包 •	• qiánbāo •	• 고속철도
❹ 高铁 •	• gāotiě •	• 라면
❺ 资料 •	• guǒzhī •	• 지갑

2. 아래 단어를 어순에 맞게 나열해보세요.

❶ 要 / 面包 / 吃 / 我

▶ ______________________

❷ 想 / 坐 / 我 / 不 / 地铁

▶ ______________________

❸ 他 / 行李 / 吗 / 整理

▶ ______________________

3. 다음 문장의 틀린 부분을 바르게 고쳐보세요.

❶ 寿司你吃吗？ 너는 초밥을 먹니? ▶ ______________

❷ 我不喝想啤酒。 나는 맥주를 마시고 싶지 않다. ▶ ______________

❸ 我想不找工作。 나는 일자리를 찾고 싶지 않다. ▶ ______________

❹ 整理没房间他。 그는 방을 정리하지 않았다. ▶ ______________

❺ 我坐飞机不想。 나는 비행기를 타고 싶지 않다. ▶ ______________

선생님의 노트!

❶ 조동사 要의 긍정(1)

(1) … 하려고 하다 (의지)

예문 我要喝水。Wǒ yào hē shuǐ. 나는 물을 마시려 한다.

(2) … 해야 한다 (의무)

예문 我要去出差。Wǒ yào qù chūchāi. 나는 출장을 가야만 한다.

❷ 음식·음료 종류

음식

中国菜 zhōngguócài 중국음식
麻辣烫 málàtàng 마라탕
麻辣香锅 málà xiāngguō 마라샹궈
火锅 huǒguō 훠궈
茄子 qiézi 가지
炒饭 chǎofàn 볶음밥
糖醋肉 tángcùròu 탕수육
宫保鸡丁 gōng bǎo jī dīng 꿍바오지딩
韩国菜 hánguócài 한국음식
泡菜汤 pàocàitāng 김치찌개
大酱汤 dàjiàngtāng 된장찌개
炸酱面 zhájiàngmiàn 짜장면
泡菜 pàocài 김치
拉面 lāmiàn 라면
方便面 fāngbiànmiàn 라면
日本菜 rìběncài 일본음식
寿司 shòusī 초밥
生鱼片 shēngyúpiàn 회
汉堡包 hànbǎobāo 햄버거
三名字 sānmíngzì 샌드위치
炸鸡 zhájī 치킨
比萨饼 bǐsàbǐng 피자

음료

果汁 guǒzhī 과일주스
茶 chá 차
奶茶 nǎichá 밀크티
咖啡 kāfēi 커피
美式咖啡 měishì kāfēi 아메리카노
拿铁 nátiě 라떼
啤酒 píjiǔ 맥주
烧酒 shāojiǔ 소주
可乐 kělè 콜라
汽水 qìshuǐ 사이다

❸ 坐와 함께 쓰이는 교통수단

公共汽车 gōnggòng qìchē 버스
出租汽车 chūzū qìchē 택시
地铁 dìtiě 지하철
私家车 sījiāchē 자가용
火车 huǒchē 기차
高铁 gāotiě 고속철도
飞机 fēijī 비행기
电缆车 diànlǎnchē 케이블카
船 chuán 배

016A

016 洗 씻다

xǐ

주어 | 부사어 | 술어 | 목적어 | 어기조사

① 기본형 我 洗 脸。 Wǒ xǐ liǎn. ▸ 나는 세수를 한다.

② 부정하기 我 不 洗 脸。 Wǒ bù xǐ liǎn. ▸ 나는 세수를 하지 않는다.

③ 물어보기 你 洗 脸 吗? Nǐ xǐ liǎn ma? ▸ 너는 세수를 하니?

④ 의지긍정 我 要 洗 脸。 Wǒ yào xǐ liǎn. ▸ 나는 세수를 하려 한다.

⑤ 의지부정 我 不想 洗 脸。 Wǒ bù xiǎng xǐ liǎn. ▸ 나는 세수를 하고 싶지 않다.

★목적어 脸을 아래 단어로 바꾸어 연습해 보세요. 016B

脸 liǎn 얼굴 ▸ 衣服 yīfu 옷 碗 wǎn 밥공기, 그릇

복습하기

단어와 문장을 떠올려보세요.

1. 기본형 我 ___ 脸。 Wǒ ___ liǎn.
2. 부정하기 我没 ___ 脸。 Wǒ ___ ___ liǎn.
3. 물어보기 你 ___ 脸吗? Nǐ ___ liǎn ___?
4. 의지긍정 我要 ___ 脸。 Wǒ ___ ___ liǎn.
5. 의지부정 我不想 ___ 脸。 Wǒ ___ ___ ___ liǎn.

체크하기

016 C

단어와 문장을 확인해보세요.

☑ 나는 옷을 세탁한다. ☐ 我洗衣服。
Wǒ xǐ yīfu.

☐ 나는 옷을 세탁하지 않는다. ☐ 我不洗衣服。
Wǒ bù xǐ yīfu.

☐ 너는 옷을 세탁하니? ☐ 你洗衣服吗?
Nǐ xǐ yīfu ma?

☐ 나는 옷을 세탁하려 한다. ☐ 我要洗衣服。
Wǒ yào xǐ yīfu.

☐ 나는 옷을 세탁하고 싶지 않다. ☐ 我不想洗衣服。
Wǒ bù xiǎng xǐ yīfu.

☐ 나는 설거지를 한다. ☐ 我洗碗。
Wǒ xǐ wǎn.

☐ 나는 설거지를 하지 않는다. ☐ 我不洗碗。
Wǒ bù xǐ wǎn.

☐ 너는 설거지를 하니? ☐ 你洗碗吗?
Nǐ xǐ wǎn ma?

☐ 나는 설거지를 하려 한다. ☐ 我要洗碗。
Wǒ yào xǐ wǎn.

☐ 나는 설거지를 하고 싶지 않다. ☐ 我不想洗碗。
Wǒ bù xiǎng xǐ wǎn.

017A

017 安排 배치·처리하다

ānpái

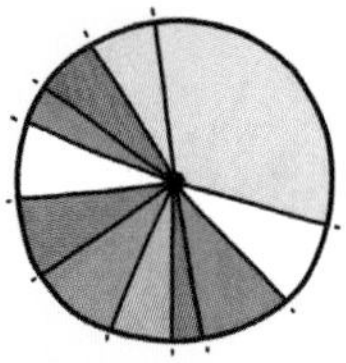

	주어	부사어	술어	목적어	어기조사	
① 기본형	他 Tā		安排 ānpái	计划。 jìhuà.		▸ 그는 스케줄을 짠다.
② 부정하기	他 Tā	没 méi	安排 ānpái	计划。 jìhuà.		▸ 그는 스케줄을 짜지 않았다.
③ 물어보기	他 Tā		安排 ānpái	计划 jìhuà	吗? ma?	▸ 그는 스케줄을 짜니?
④ 의지긍정	他 Tā	要 yào	安排 ānpái	计划。 jìhuà.		▸ 그는 스케줄을 짜려 한다.
⑤ 의지부정	他 Tā	不想 bù xiǎng	安排 ānpái	计划。 jìhuà.		▸ 그는 스케줄을 짜고 싶지 않다.

★목적어 计划를 아래 단어로 바꾸어 연습해 보세요. 017B

计划 jìhuà 스케줄, 계획 ▸ 地方 dìfang 장소 工作 gōngzuò 업무

복습하기

단어와 문장을
떠올려보세요.
?

1. 기본형 他 ____ 计划。 Tā ______ jìhuà.
2. 부정하기 他没 ____ 计划。 Tā ____ ______ jìhuà.
3. 물어보기 他 ____ 计划吗? Tā ______ jìhuà ____?
4. 의지긍정 他要 ____ 计划。 Tā ____ ______ jìhuà.
5. 의지부정 他不想 ____ 计划。 Tā ____ ______ ______ jìhuà.

체크하기

017 C

단어와 문장을
확인해보세요.
!

☑ 그는 장소를 안배한다. ☐ 他安排地方。
Tā ānpái dìfang.

☐ 그는 장소를 안배하지 않았다. ☐ 他没安排地方。
Tā méi ānpái dìfang.

☐ 그는 장소를 안배하니? ☐ 他安排地方吗?
Tā ānpái dìfang ma?

☐ 그는 장소를 안배하려 한다. ☐ 他要安排地方。
Tā yào ānpái dìfang.

☐ 그는 장소를 안배하고 싶지 않다. ☐ 他不想安排地方。
Tā bù xiǎng ānpái dìfang.

☐ 그는 업무를 처리한다. ☐ 他安排工作。
Tā ānpái gōngzuò.

☐ 그는 업무를 처리하지 않았다. ☐ 他没安排工作。
Tā méi ānpái gōngzuò.

☐ 그는 업무를 처리하니? ☐ 他安排工作吗?
Tā ānpái gōngzuò ma?

☐ 그는 업무를 처리하려 한다. ☐ 他要安排工作。
Tā yào ānpái gōngzuò.

☐ 그는 업무를 처리하고 싶지 않다. ☐ 他不想安排工作。
Tā bù xiǎng ānpái gōngzuò.

018A

018 商量 상의·의논하다

shāngliang

	주어	부사어	술어	목적어	어기조사	
① 기본형	我们 Wǒmen		商量 shāngliang	工作。 gōngzuò.		▸ 우리는 업무를 상의한다.
② 부정하기	我们 Wǒmen	不 bù	商量 shāngliang	工作。 gōngzuò.		▸ 우리는 업무를 상의하지 않는다.
③ 물어보기	你们 Nǐmen		商量 shāngliang	工作 gōngzuò	吗? ma?	▸ 너희들은 업무를 상의하니?
④ 의지긍정	我们 Wǒmen	要 yào	商量 shāngliang	工作。 gōngzuò.		▸ 우리는 업무를 상의하려 한다.
⑤ 의지부정	我们 Wǒmen	不想 bù xiǎng	商量 shāngliang	工作。 gōngzuò.		▸ 우리는 업무를 상의하고 싶지 않다.

★목적어 工作를 아래 단어로 바꾸어 연습해 보세요. 018 B

工作 gōngzuò 일, 업무 ▶ 旅游计划 lǚyóu jìhuà 여행계획 / 解决办法 jiějué bànfǎ 해결방법

복습하기

단어와 문장을 떠올려보세요.

1. 기본형 我们　　　　工作。 Wǒmen ________ gōngzuò.
2. 부정하기 我们不　　　　工作。 Wǒmen ____ ________ gōngzuò.
3. 물어보기 你们　　　　工作吗? Nǐmen ________ gōngzuò ____?
4. 의지긍정 我们要　　　　工作。 Wǒmen ____ ________ gōngzuò.
5. 의지부정 我们不想　　　　工作。 Wǒmen ____ ______ ________ gōngzuò.

체크하기

018 C

단어와 문장을 확인해보세요.

☑ 우리는 여행계획을 상의한다.	☐ 我们商量旅游计划。 Wǒmen shāngliang lǚyóu jìhuà.
☐ 우리는 여행계획을 상의하지 않는다.	☐ 我们不商量旅游计划。 Wǒmen bù shāngliang lǚyóu jìhuà.
☐ 너희는 여행계획을 상의하니?	☐ 你们商量旅游计划吗? Nǐmen shāngliang lǚyóu jìhuà ma?
☐ 우리는 여행계획을 상의하려 한다.	☐ 我们要商量旅游计划。 Wǒmen yào shāngliang lǚyóu jìhuà.
☐ 우리는 여행계획을 상의하고 싶지 않다.	☐ 我们不想商量旅游计划。 Wǒmen bù xiǎng shāngliang lǚyóu jìhuà.
☐ 우리는 해결방법을 상의한다.	☐ 我们商量解决办法。 Wǒmen shāngliang jiějué bànfǎ.
☐ 우리는 해결방법을 상의하지 않는다.	☐ 我们不商量解决办法。 Wǒmen bù shāngliang jiějué bànfǎ.
☐ 너희는 해결방법을 상의하니?	☐ 你们商量解决办法吗? Nǐmen shāngliang jiějué bànfǎ ma?
☐ 우리는 해결방법을 상의하려 한다.	☐ 我们要商量解决办法。 Wǒmen yào shāngliang jiějué bànfǎ.
☐ 우리는 해결방법을 상의하고 싶지 않다.	☐ 我们不想商量解决办法。 Wǒmen bù xiǎng shāngliang jiějué bànfǎ.

019

换 바꾸다

huàn

019A

	주어	부사어	술어	목적어	어기조사	
① 기본형	我 Wǒ		换 huàn	钱。 qián.		나는 환전을 한다.
② 부정하기	我 Wǒ	不 bú	换 huàn	钱。 qián.		나는 환전을 하지 않는다.
③ 물어보기	你 Nǐ		换 huàn	钱 qián	吗? ma?	너는 환전을 하니?
④ 의지긍정	我 Wǒ	要 yào	换 huàn	钱。 qián.		나는 환전을 하려 한다.
⑤ 의지부정	我 Wǒ	不想 bù xiǎng	换 huàn	钱。 qián.		나는 환전하고 싶지 않다.

★목적어 钱을 아래 단어로 바꾸어 연습해 보세요. 019 B

钱 qián 돈 ▶ 衣服 yīfu 옷 | 车 chē 차

✚ 换衣服는 ①옷을 갈아입다 ②옷을 바꾸다, 换车는 ①차를 바꾸다 ②환승하다 두 가지 의미가 있다.

복습하기

단어와 문장을
떠올려보세요.

1. 기본형 我____钱。 Wǒ _____ qián.
2. 부정하기 我不____钱。 Wǒ _____ _____ qián.
3. 물어보기 你____钱吗? Nǐ _____ qián _____?
4. 의지긍정 我要____钱。 Wǒ _____ _____ qián.
5. 의지부정 我不想____钱。 Wǒ _____ _____ _____ qián.

체크하기

019 C

단어와 문장을
확인해보세요.

- ☑ 나는 옷을 갈아 입는다. — ☐ 我换衣服。 Wǒ huàn yīfu.
- ☐ 나는 옷을 갈아 입지 않는다. — ☐ 我不换衣服。 Wǒ bú huàn yīfu.
- ☐ 너는 옷을 갈아 입니? — ☐ 你换衣服吗? Nǐ huàn yīfu ma?
- ☐ 나는 옷을 갈아 입으려 한다. — ☐ 我要换衣服。 Wǒ yào huàn yīfu.
- ☐ 나는 옷을 갈아 입고 싶지 않다. — ☐ 我不想换衣服。 Wǒ bù xiǎng huàn yīfu.

- ☐ 나는 환승한다. — ☐ 我换车。 Wǒ huàn chē.
- ☐ 나는 환승하지 않는다. — ☐ 我不换车。 Wǒ bú huàn chē.
- ☐ 너는 환승하니? — ☐ 你换车吗? Nǐ huàn chē ma?
- ☐ 나는 환승하려 한다. — ☐ 我要换车。 Wǒ yào huàn chē.
- ☐ 나는 환승하고 싶지 않다. — ☐ 我不想换车。 Wǒ bù xiǎng huàn chē.

020A

020 拿 들다, 잡다, 가져가다

ná

	주어	부사어	술어	목적어	어기조사	
① 기본형	我 Wǒ		拿 ná	啤酒。 píjiǔ.		▶ 나는 맥주를 가져왔다.
② 부정하기	我 Wǒ	没 méi	拿 ná	啤酒。 píjiǔ.		▶ 나는 맥주를 가져오지 않았다.
③ 물어보기	你 Nǐ		拿 ná	啤酒 píjiǔ	吗? ma?	▶ 너는 맥주를 가져가니?
④ 의지긍정	我 Wǒ	要 yào	拿 ná	啤酒。 píjiǔ.		▶ 나는 맥주를 가져오려 한다.
⑤ 의지부정	我 Wǒ	不想 bù xiǎng	拿 ná	啤酒。 píjiǔ.		▶ 나는 맥주를 가져오고 싶지 않다.

拿는 '들다', '잡다', '쥐다' 외에 '가져오다', '가져가다'의 의미로도 쓸 수 있어요. 그때는 보통 방향을 나타내는 보어를 붙여, 拿来, 拿走처럼 쓴답니다.

★목적어 啤酒를 아래 단어로 바꾸어 연습해 보세요. 020 B

啤酒 píjiǔ 맥주 ▶ 快递 kuàidì 택배 / 行李 xíngli 짐, 여행가방

복습하기

단어와 문장을
떠올려보세요.

1. 기본형 我 ____ 啤酒。 Wǒ ____ píjiǔ.
2. 부정하기 我没 ____ 啤酒。 Wǒ ____ ____ píjiǔ.
3. 물어보기 你 ____ 啤酒吗？ Nǐ ____ píjiǔ ____?
4. 의지긍정 我要 ____ 啤酒。 Wǒ ____ ____ píjiǔ.
5. 의지부정 我不想 ____ 啤酒。 Wǒ ____ ____ ____ píjiǔ.

체크하기

020 C

단어와 문장을
확인해보세요.

☑ 나는 택배를 가져왔다.	☐ 我拿快递。 Wǒ ná kuàidì.
☐ 나는 택배를 가져오지 않았다.	☐ 我没拿快递。 Wǒ méi ná kuàidì.
☐ 너는 택배를 가져가니?	☐ 你拿快递吗? Nǐ ná kuàidì ma?
☐ 나는 택배를 가져오려 한다.	☐ 我要拿快递。 Wǒ yào ná kuàidì.
☐ 나는 택배를 가져오고 싶지 않다.	☐ 我不想拿快递。 Wǒ bù xiǎng ná kuàidì.
☐ 나는 여행가방을 가져왔다.	☐ 我拿行李。 Wǒ ná xíngli.
☐ 나는 여행가방을 가져오지 않았다.	☐ 我没拿行李。 Wǒ méi ná xíngli.
☐ 너는 여행가방을 가져가니?	☐ 你拿行李吗? Nǐ ná xíngli ma?
☐ 나는 여행가방을 가져오려 한다.	☐ 我要拿行李。 Wǒ yào ná xíngli.
☐ 나는 여행가방을 가져오고 싶지 않다.	☐ 我不想拿行李。 Wǒ bù xiǎng ná xíngli.

배운 것을 연습해 보아요!

1. 아래 단어의 한어병음과 뜻을 알맞게 이어주세요.

❶ 洗碗 •	• jiějué bànfǎ •	• 돈
❷ 钱 •	• dìfang •	• 짐, 여행가방
❸ 解决办法 •	• qián •	• 해결방법
❹ 地方 •	• xíngli •	• 설거지하다
❺ 行李 •	• xǐ wǎn •	• 장소

2. 아래 단어를 어순에 맞게 나열해보세요.

❶ 衣服 / 我 / 想 / 不 / 洗

▶ ______________________________

❷ 计划 / 他 / 安排 / 不 / 想

▶ ______________________________

❸ 不 / 商量 / 我们 / 旅游计划 / 想

▶ ______________________________

3. 다음 문장의 틀린 부분을 바르게 고쳐보세요.

❶ 我脸要洗。 나는 세수를 하려고 한다. ▶ ______________

❷ 我们工作想商量。 우리는 업무를 상의하고 싶다. ▶ ______________

❸ 他没地方安排。 그는 장소를 안배하지 않았다. ▶ ______________

❹ 我不车换。 나는 환승하지 않는다. ▶ ______________

❺ 我拿没快递。 나는 택배를 가져오지 않았다. ▶ ______________

선생님의 노트!

❶ 조동사 要의 부정(2)

⑴ 의지를 나타내는 要

'…하려고 하다'의 부정은 의지가 없어진 것이므로, '…하고 싶지 않다'라는 뜻의 不想을 사용한다.

예문 我不想喝水。Wǒ bù xiǎng hē shuǐ. 나는 물을 마시고 싶지 않다.

⑵ 의무를 나타내는 要

'…해야 한다' 의 부정은 의무가 없어졌으므로 '…할 필요가 없다' 라는 뜻의 不用을 사용한다.

예문 我不用去出差。Wǒ bú yòng qù chūchāi. 나는 출장을 갈 필요가 없다.

❷ 不要의 의미 알아보기

⑴ 不要 는 '…하길 원하지 않는다'는 의미로, 不用 보다는 의미가 더 강한 부정이다.

⑵ '…하지마라' 라는 의미로 금지, 명령의 의미를 나타낸다.

예문 不要迟到。Bú yào chídào. 지각하지 마라.

③ 동사 拿의 활용

(손으로) 잡다, 쥐다, 가지다

- ▶ 你拿着吧。 Nǐ ná zhe ba. 네가 들고 있어봐. 네가 가져가. [拿+지속을 나타내는 동태조사 着]
- ▶ 你拿来吧。 Nǐ ná lái ba. 네가 가져와라. [拿 뒤에 来는 술어를 보충하는 방향보어가 된다]
- ▶ 你拿走吧。 Nǐ ná zǒu ba. 네가 가져가라. [拿 뒤에 走는 술어를 보충하는 방향보어가 된다]

☞ 어기조사 吧는 문장 끝에서 청유나 명령을 나타낸다.

☞ 拿 뒤에 방향보어 来나 走를 붙여 더욱 구체적으로 이야기할 수 있지만, 본문에서 사용한 것처럼 拿 한 단어만 써서 상황에 따라 여러가지 의미를 함축하여 나타내기도 한다.

MEMO

동사

021 ~ 030

조동사 "能"을 활용한 문장!
"나는 영어를 가르칠 수 있어!"

미리보기

写 xiě 쓰다	讲 jiǎng 말하다, 강의하다	做 zuò 하다	打 dǎ 치다, 때리다	教 jiāo 가르치다
给 gěi 주다	来 lái 오다	放 fàng 놓다	参加 cānjiā 참가하다	发 fā 보내다

021

写 쓰다

xiě

021A

	주어	부사어	술어	목적어	어기조사	
① 기본형	我 Wǒ		写 xiě	报告。 bàogào.		▸ 나는 보고서를 쓴다.
② 부정하기	我 Wǒ	不 bù	写 xiě	报告。 bàogào.		▸ 나는 보고서를 쓰지 않는다.
③ 물어보기	你 Nǐ		写 xiě	报告 bàogào	吗? ma?	▸ 너는 보고서를 쓰니?
④ 가능긍정	我 Wǒ	能 néng	写 xiě	报告。 bàogào.		▸ 나는 보고서를 쓸 수 있다. 조동사 能은 능력이 있거나, 상황이 가능하여 어떠한 행위를 할 수 있을 때, '…할 수 있다' 라는 뜻이에요.
⑤ 가능부정	我 Wǒ	不能 bù néng	写 xiě	报告。 bàogào.		▸ 나는 보고서를 쓸 수 없다. 能의 부정 不能은 두 가지 의미가 있어요. ① 할 수 없다(능력이 없음) ② 해서는 안 된다(금지의 의미)

★목적어 报告를 아래 단어로 바꾸어 연습해 보세요. 021B

报告 bàogào 보고서 ▶ 信 xìn 편지 地址 dìzhǐ 주소

복습하기

단어와 문장을 떠올려보세요.

1. 기본형 我 报告。 Wǒ ____ bàogào.
2. 부정하기 我不 报告。 Wǒ ____ ____ bàogào.
3. 물어보기 你 报告吗？ Nǐ ____ bàogào ____?
4. 가능긍정 我能 报告。 Wǒ ____ ____ bàogào.
5. 가능부정 我不能 报告。 Wǒ ____ ____ ____ bàogào.

체크하기

021 C

단어와 문장을 확인해보세요.

☑ 나는 편지를 쓴다.	□ 我写信。 Wǒ xiě xìn.
□ 나는 편지를 쓰지 않는다.	□ 我不写信。 Wǒ bù xiě xìn.
□ 너는 편지를 쓰니?	□ 你写信吗? Nǐ xiě xìn ma?
□ 나는 편지를 쓸 수 있다.	□ 我能写信。 Wǒ néng xiě xìn.
□ 나는 편지를 쓸 수 없다.	□ 我不能写信。 Wǒ bù néng xiě xìn.

□ 나는 주소를 쓴다.	□ 我写地址。 Wǒ xiě dìzhǐ.
□ 나는 주소를 쓰지 않는다.	□ 我不写地址。 Wǒ bù xiě dìzhǐ.
□ 너는 주소를 쓰니?	□ 你写地址吗? Nǐ xiě dìzhǐ ma?
□ 나는 주소를 쓸 수 있다.	□ 我能写地址。 Wǒ néng xiě dìzhǐ.
□ 나는 주소를 쓸 수 없다.	□ 我不能写地址。 Wǒ bù néng xiě dìzhǐ.

022 **讲** 말하다, 강의하다

jiǎng

022A

	주어	부사어	술어	목적어	어기조사	
① 기본형	他 Tā		讲 jiǎng	汉语课。 hànyǔ kè.		▶ 그는 중국어 수업을 한다.
② 부정하기	他 Tā	不 bù	讲 jiǎng	汉语课。 hànyǔ kè.		▶ 그는 중국어 수업을 하지 않는다.
③ 물어보기	他 Tā		讲 jiǎng	汉语课 hànyǔ kè	吗? ma?	▶ 그는 중국어 수업을 하니?
④ 가능긍정	他 Tā	能 néng	讲 jiǎng	汉语课。 hànyǔ kè.		▶ 그는 중국어 수업을 할 수 있다.
⑤ 가능부정	他 Tā	不能 bù néng	讲 jiǎng	汉语课。 hànyǔ kè.		▶ 그는 중국어 수업을 할 수 없다.

★목적어 汉语课를 아래 단어로 바꾸어 연습해 보세요. 022 B

汉语课 hànyǔ kè 중국어 수업 ▶ 笑话 xiàohua 우스갯소리, 농담 故事 gùshi (옛날)이야기

복습하기

단어와 문장을
떠올려보세요.

1. 기본형 他 ＿＿ 汉语课。 Tā ______ hànyǔ kè.
2. 부정하기 他不 ＿＿ 汉语课。 Tā _____ ______ hànyǔ kè.
3. 물어보기 他 ＿＿ 汉语课吗? Tā ______ hànyǔ kè ____?
4. 가능긍정 他能 ＿＿ 汉语课。 Tā _____ _____ hànyǔ kè.
5. 가능부정 他不能 ＿＿ 汉语课。 Tā ____ _____ ______ hànyǔ kè.

체크하기

022 C

단어와 문장을
확인해보세요.

☑ 그는 웃긴 얘기를 한다. | □ 他讲笑话。 Tā jiǎng xiàohua.

□ 그는 웃긴 얘기를 하지 않는다. | □ 他不讲笑话。 Tā bù jiǎng xiàohua.

□ 그가 웃긴 얘기를 하니? | □ 他讲笑话吗? Tā jiǎng xiàohua ma?

□ 그는 웃긴 얘기를 할 수 있다. | □ 他能讲笑话。 Tā néng jiǎng xiàohua.

□ 그는 웃긴 얘기를 할 수 없다. | □ 他不能讲笑话。 Tā bù néng jiǎng xiàohua.

□ 그는 옛날 이야기를 한다. | □ 他讲故事。 Tā jiǎng gùshi.

□ 그는 옛날 이야기를 하지 않는다. | □ 他不讲故事。 Tā bù jiǎng gùshi.

□ 그는 옛날 이야기를 하니? | □ 他讲故事吗? Tā jiǎng gùshi ma?

□ 그는 옛날 이야기를 할 수 있다. | □ 他能讲故事。 Tā néng jiǎng gùshi.

□ 그는 옛날 이야기를 할 수 없다. | □ 他不能讲故事。 Tā bù néng jiǎng gùshi.

023

做 하다

zuò

023A

주어 / 부사어 / 술어 / 목적어 / 어기조사

	주어	부사어	술어	목적어	어기조사	
① 기본형	我 Wǒ		做 zuò	作业。 zuòyè.		▸ 나는 숙제를 한다.
② 부정하기	我 Wǒ	没 méi	做 zuò	作业。 zuòyè.		▸ 나는 숙제를 하지 않았다.
③ 물어보기	你 Nǐ		做 zuò	作业 zuòyè	吗? ma?	▸ 너는 숙제를 하니?
④ 가능긍정	我 Wǒ	能 néng	做 zuò	作业。 zuòyè.		▸ 나는 숙제를 할 수 있다.
⑤ 가능부정	我 Wǒ	不能 bù néng	做 zuò	作业。 zuòyè.		▸ 나는 숙제를 할 수 없다.

★목적어 作业를 아래 단어로 바꾸어 연습해 보세요. 023B

作业 zuòyè 숙제 ▶ 工作 gōngzuò 일, 업무 　游戏 yóuxì 게임

복습하기

단어와 문장을
떠올려보세요.

1. 기본형 我 ___ 作业。 Wǒ _____ zuòyè.
2. 부정하기 我没 ___ 作业。 Wǒ _____ _____ zuòyè.
3. 물어보기 你 ___ 作业吗？ Nǐ _____ zuòyè ____?
4. 가능긍정 我能 ___ 作业。 Wǒ _____ _____ zuòyè.
5. 가능부정 我不能 ___ 作业。 Wǒ ____ _____ _____ zuòyè.

체크하기

단어와 문장을
확인해보세요.

023 C

☑ 나는 일을 한다.	☐ 我做工作。 Wǒ zuò gōngzuò.
☐ 나는 일을 하지 않았다.	☐ 我没做工作。 Wǒ méi zuò gōngzuò.
☐ 너는 일을 하니?	☐ 你做工作吗? Nǐ zuò gōngzuò ma?
☐ 나는 일할 수 있다.	☐ 我能做工作。 Wǒ néng zuò gōngzuò.
☐ 나는 일할 수 없다.	☐ 我不能做工作。 Wǒ bù néng zuò gōngzuò.
☐ 나는 게임을 한다.	☐ 我做游戏。 Wǒ zuò yóuxì.
☐ 나는 게임을 하지 않았다.	☐ 我没做游戏。 Wǒ méi zuò yóuxì.
☐ 너는 게임을 하니?	☐ 你做游戏吗? Nǐ zuò yóuxì ma?
☐ 나는 게임을 할 수 있다.	☐ 我能做游戏。 Wǒ néng zuò yóuxì.
☐ 나는 게임을 할 수 없다.	☐ 我不能做游戏。 Wǒ bù néng zuò yóuxì.

024 打 치다, 때리다

dǎ

024A

	주어	부사어	술어	목적어	어기조사	
① 기본형	我 Wǒ		打 dǎ	高尔夫球。 gāo'ěrfūqiú.		▸ 나는 골프를 친다.
② 부정하기	我 Wǒ	不 bù	打 dǎ	高尔夫球。 gāo'ěrfūqiú.		▸ 나는 골프를 치지 않는다.
③ 물어보기	你 Nǐ		打 dǎ	高尔夫球 gāo'ěrfūqiú	吗? ma?	▸ 너는 골프를 치니?
④ 가능긍정	我 Wǒ	能 néng	打 dǎ	高尔夫球。 gāo'ěrfūqiú.		▸ 나는 골프를 칠 수 있다. (잘 친다는 의미)
⑤ 가능부정	我 Wǒ	不能 bù néng	打 dǎ	高尔夫球。 gāo'ěrfūqiú.		▸ 나는 골프를 칠 수 없다.

★목적어 高尔夫球를 아래 단어로 바꾸어 연습해 보세요. 024 B

高尔夫球 gāo'ěrfūqiú 골프 ▸ 网球 wǎngqiú 테니스 | 棒球 bàngqiú 야구

복습하기

단어와 문장을
떠올려보세요.

1. 기본형 我 ___ 高尔夫球。 Wǒ ____ gāo'ěrfūqiú.
2. 부정하기 我不 ___ 高尔夫球。 Wǒ ____ ____ gāo'ěrfūqiú.
3. 물어보기 你 ___ 高尔夫球吗? Nǐ ____ gāo'ěrfūqiú ____?
4. 능력긍정 我能 ___ 高尔夫球。 Wǒ _____ ____ gāo'ěrfūqiú.
5. 능력부정 我不能 ___ 高尔夫球。 Wǒ ____ _____ ____ gāo'ěrfūqiú.

체크하기

024 C

단어와 문장을
확인해보세요.

- ☑ 나는 테니스를 친다. — ☐ 我打网球。 Wǒ dǎ wǎngqiú.
- ☐ 나는 테니스를 치지 않는다. — ☐ 我不打网球。 Wǒ bù dǎ wǎngqiú.
- ☐ 너는 테니스를 치니? — ☐ 你打网球吗? Nǐ dǎ wǎngqiú ma?
- ☐ 나는 테니스를 칠 수 있다. — ☐ 我能打网球。 Wǒ néng dǎ wǎngqiú.
- ☐ 나는 테니스를 칠 수 없다. — ☐ 我不能打网球。 Wǒ bù néng dǎ wǎngqiú.

- ☐ 나는 야구를 한다. — ☐ 我打棒球。 Wǒ dǎ bàngqiú.
- ☐ 나는 야구를 하지 않는다. — ☐ 我不打棒球。 Wǒ bù dǎ bàngqiú.
- ☐ 너는 야구를 하니? — ☐ 你打棒球吗? Nǐ dǎ bàngqiú ma?
- ☐ 나는 야구를 할 수 있다. — ☐ 我能打棒球。 Wǒ néng dǎ bàngqiú.
- ☐ 나는 야구를 할 수 없다. — ☐ 我不能打棒球。 Wǒ bù néng dǎ bàngqiú.

025

教 가르치다

jiāo

025A

	주어	부사어	술어	목적어1	목적어2	어기조사	
① 기본형	他 Tā		教 jiāo	我 wǒ	英语。 yīngyǔ.		그는 나에게 영어를 가르친다. 하나의 동사가 두개의 목적어를 가지는 동사를 쌍빈동사라고 해요. 공식: 주어+술어+목적어1(대상)+목적어2(사물)
② 부정하기	他 Tā	没 méi	教 jiāo	我 wǒ	英语。 yīngyǔ.		그는 나에게 영어를 가르치지 않았다.
③ 물어보기	他 Tā		教 jiāo	你 nǐ	英语 yīngyǔ	吗? ma?	그는 너에게 영어를 가르치니?
④ 가능긍정	他 Tā	能 néng	教 jiāo	我 wǒ	英语。 yīngyǔ.		그는 나에게 영어를 가르칠 수 있다.
⑤ 가능부정	他 Tā	不能 bù néng	教 jiāo	我 wǒ	英语。 yīngyǔ.		그는 나에게 영어를 가르칠 수 없다.

★목적어 英语를 아래 단어로 바꾸어 연습해 보세요. 025B

英语 yīngyǔ 영어 ▶ 汉语 hànyǔ 중국어 做菜 zuò cài 요리하다

복습하기

단어와 문장을
떠올려보세요.

1. 기본형 他 ___ 我英语。 Tā ____ wǒ yīngyǔ.
2. 부정하기 他没 ___ 我英语。 Tā ____ ____ wǒ yīngyǔ.
3. 물어보기 他 ___ 你英语吗? Tā ____ nǐ yīngyǔ ____?
4. 가능긍정 他能 ___ 我英语。 Tā ____ ____ wǒ yīngyǔ.
5. 가능부정 他不能 ___ 我英语 。 Tā ____ ____ ____ wǒ yīngyǔ.

체크하기

025 C

단어와 문장을
확인해보세요.

- ☑ 그는 나에게 중국어를 가르친다. — ☐ 他教我汉语。 Tā jiāo wǒ hànyǔ.
- ☐ 그는 나에게 중국어를 가르치지 않았다. — ☐ 他没教我汉语。 Tā méi jiāo wǒ hànyǔ.
- ☐ 그는 너에게 중국어를 가르치니? — ☐ 他教你汉语吗? Tā jiāo nǐ hànyǔ ma?
- ☐ 그는 나에게 중국어를 가르칠 수 있다. — ☐ 他能教我汉语。 Tā néng jiāo wǒ hànyǔ.
- ☐ 그는 나에게 중국어를 가르칠 수 없다. — ☐ 他不能教我汉语。 Tā bù néng jiāo wǒ hànyǔ.

- ☐ 그는 나에게 요리를 가르친다. — ☐ 他教我做菜。 Tā jiāo wǒ zuò cài.
- ☐ 그는 나에게 요리를 가르치지 않았다. — ☐ 他没教我做菜。 Tā méi jiāo wǒ zuò cài.
- ☐ 그는 너에게 요리를 가르치니? — ☐ 他教你做菜吗? Tā jiāo nǐ zuò cài ma?
- ☐ 그는 나에게 요리를 가르칠 수 있다. — ☐ 他能教我做菜。 Tā néng jiāo wǒ zuò cài.
- ☐ 그는 나에게 요리를 가르칠 수 없다. — ☐ 他不能教我做菜。 Tā bù néng jiāo wǒ zuò cài.

배운 것을 연습해 보아요!

1. 아래 단어의 한어병음과 뜻을 알맞게 이어주세요.

❶ 地址 •	• xiàohua •	• 요리하다
❷ 笑话 •	• dǎ •	• 치다, 때리다
❸ 作业 •	• zuò cài •	• 우스갯소리, 농담
❹ 打 •	• dìzhǐ •	• 숙제
❺ 做菜 •	• zuòyè •	• 주소

2. 다음 문장의 틀린 부분을 바르게 고쳐보세요.

❶ 我写能报告。 나는 보고서를 쓸 수 있다. ▶ ____________________

❷ 奶奶讲不故事。 할머니는 옛날이야기를 하지 않는다. ▶ ____________________

❸ 我能不做工作。 나는 일을 할 수 없다. ▶ ____________________

❹ 我高尔夫球能打。 나는 골프를 칠 수 있다. ▶ ____________________

❺ 他能教做菜我。 그는 나에게 요리를 가르칠 수 있다. ▶ ____________________

3. 다음 문장의 한어병음과 뜻을 적어보세요.

❶ 我写地址。 ▶ ____________________

❷ 他讲笑话。 ▶ ____________________

❸ 我能做游戏。 ▶ ____________________

❹ 我打棒球。 ▶ ____________________

❺ 他不能教我英语。 ▶ ____________________

선생님의 노트!

❶ 조동사 能(1)

조동사 '能'은 능력이 있어 어떠한 행위를 할 수 있을 때, '…할 수 있다' 라는 뜻으로 쓰이며, 동사술어 앞에 위치한다. 이때 부정부사 不는 조동사 能 앞에 쓰여, '…할 수 없다'는 뜻의 '不能'으로 표현한다.

❷ 회화에 자주 쓰이는 동사 '做'의 의미

(1) (…을) 하다, 행하다

① 做作业 zuò zuòyè 숙제를 하다
② 做工作 zuò gōngzuò 일을 하다
③ 做生意 zuò shēngyì 장사를 하다
④ 做游戏 zuò yóuxì 게임하다

(2) 만들다

① 做蛋糕 zuò dàngāo 케이크를 만들다
② 做饭 zuò fàn 밥을 만들다
③ 做衣服 zuò yīfu 옷을 만들다

❸ 구기종목

高尔夫球 gāo'ěrfū qiú 골프　网球 wǎngqiú 테니스　棒球 bàngqiú 야구
篮球 lánqiú 농구　台球 táiqiú 당구　足球 zúqiú 축구

TIP 손을 사용하는 구기 종목은 '치다' 라는 뜻을 가진 동사 '打(dǎ)'를 사용하지만, 발로 차는 축구는 '차다' 라는 뜻을 가진 동사 '踢(tī)'를 사용한다는 것을 잊지 마세요. 打의 의미 ① 치다, 때리다 ② (전화를) 걸다

예 打足球 (x)　踢足球 (o)

❹ 쌍빈동사 教

중국어는 목적어를 빈어(宾语)라고 하는데, 동사가 두 개의 목적어(빈어)를 가질 수 있는 동사를 쌍빈동사라고 한다. 이때 첫번째 목적어는 대상(사람), 두번째 목적어는 사물이나 추상적인 것이 올 수 있다. 문장구조는 '주어+술어+목적어1(대상)+목적어2(사물)'이다.

예문1 我 教 你 汉语。 내가 너에게 중국어를 가르친다.
주어 술어 목적어1(대상) 목적어1(대상)

예문2 她 教 我 做菜。 그녀가 나에게 요리를 가르친다.
주어 술어 목적어1(대상) 목적어1(대상)

026

给 주다

gěi

026A

주어 / 부사어 / 술어 / 목적어1 / 목적어2 / 어기조사

① 기본형

我 给 你 微信号。

Tā gěi nǐ wēixìn hào.

▶ 나는 너에게 위챗 아이디를 준다.

给+사람+사물: …에게 …을 주다

② 부정하기

我 不 给 你 微信号。

Tā bù gěi nǐ wēixìn hào.

▶ 나는 너에게 위챗 아이디를 주지 않는다.

微信은 중국의 최대 인터넷 기업인 텐센트가 서비스하는 모바일 메신저로, 위챗(wechat)이라고도 불러요.

③ 물어보기

你 给 我 微信号 吗?

Nǐ gěi wǒ wēixìn hào ma?

▶ 너는 나에게 위챗 아이디를 줄래?

④ 가능긍정

我 能 给 你 微信号。

Tā néng gěi nǐ wēixìn hào.

▶ 나는 너에게 위챗 아이디를 줄 수 있다.

⑤ 가능부정

我 不能 给 你 微信号。

Tā bù néng gěi nǐ wēixìn hào.

▶ 나는 너에게 위챗 아이디를 줄 수 없다.

★목적어 微信号를 아래 단어로 바꾸어 연습해 보세요. 026 B

微信号 wēixìn hào 위챗 아이디 ▶ 发票 fāpiào 영수증 钥匙 yàoshi 열쇠

복습하기

단어와 문장을
떠올려보세요.

1. 기본형 我 ___ 你微信号。 Wǒ ___ nǐ wēixìn hào.
2. 부정하기 我不 ___ 你微信号。 Wǒ ___ ___ nǐ wēixìn hào.
3. 물어보기 你 ___ 我微信号吗? Nǐ ___ wǒ wēixìn hào ___?
4. 가능긍정 我能 ___ 你微信号。 Wǒ ___ ___ nǐ wēixìn hào.
5. 가능부정 我不能 ___ 你微信号。 Wǒ ___ ___ ___ nǐ wēixìn hào.

체크하기

026 C

단어와 문장을
확인해보세요.

☑ 나는 너에게 영수증을 준다.	☐ 我给你发票。 Wǒ gěi nǐ fāpiào.
☐ 나는 너에게 영수증을 주지 않는다.	☐ 我不给你发票。 Wǒ bù gěi nǐ fāpiào.
☐ 너는 나에게 영수증을 줄래?	☐ 你给我发票吗? Nǐ gěi wǒ fāpiào ma?
☐ 나는 너에게 영수증을 줄 수 있다.	☐ 我能给你发票。 Wǒ néng gěi nǐ fāpiào.
☐ 나는 너에게 영수증을 줄 수 없다.	☐ 我不能给你发票。 Wǒ bù néng gěi nǐ fāpiào.
☐ 나는 너에게 열쇠를 준다.	☐ 我给你钥匙。 Wǒ gěi nǐ yàoshi.
☐ 나는 너에게 열쇠를 주지 않는다.	☐ 我不给你钥匙。 Wǒ bù gěi nǐ yàoshi.
☐ 너는 나에게 열쇠를 줄래?	☐ 你给我钥匙吗? Nǐ gěi wǒ yàoshi ma?
☐ 나는 너에게 열쇠를 줄 수 있다.	☐ 我能给你钥匙。 Wǒ néng gěi nǐ yàoshi.
☐ 나는 너에게 열쇠를 줄 수 없다.	☐ 我不能给你钥匙。 Wǒ bù néng gěi nǐ yàoshi.

027 来 오다

láı

027A

	주어	부사어	술어	목적어	어기조사	
① 기본형	他 Tā		来 lái	机场。 jīchǎng.		▸ 그는 공항에 온다.
② 부정하기	他 Tā	没 méi	来 lái	机场。 jīchǎng.		▸ 그는 공항에 오지 않았다.
③ 물어보기	他 Tā		来 lái	机场 jīchǎng	吗? ma?	▸ 그는 공항에 오니?
④ 가능긍정	他 Tā	能 néng	来 lái	机场。 jīchǎng.		▸ 그는 공항에 올 수 있다.
⑤ 가능부정	他 Tā	不能 bù néng	来 lái	机场。 jīchǎng.		▸ 그는 공항에 올 수 없다.

★목적어 机场을 아래 단어로 바꾸어 연습해 보세요. 027 B

机场 jīchǎng 공항 ▶ 办公室 bàngōngshì 사무실 韩国 Hánguó 한국

복습하기

단어와 문장을 떠올려보세요.

1. 기본형 他 机场。 Tā ____ jīchǎng.

2. 부정하기 他没 机场。 Tā ____ ____ jīchǎng.

3. 물어보기 他 机场吗? Tā ____ jīchǎng ____?

4. 가능긍정 他能 机场。 Tā ____ ____ jīchǎng.

5. 가능부정 他不能 机场。 Tā ____ ____ ____ jīchǎng.

체크하기

027 C

단어와 문장을 확인해보세요.

☑ 그는 사무실에 온다.
□ 他来办公室。 Tā lái bàngōngshì.

□ 그는 사무실에 오지 않았다.
□ 他没来办公室。 Tā méi lái bàngōngshì.

□ 그는 사무실에 오니?
□ 他来办公室吗? Tā lái bàngōngshì ma?

□ 그는 사무실에 올 수 있다.
□ 他能来办公室。 Tā néng lái bàngōngshì.

□ 그는 사무실에 올 수 없다.
□ 他不能来办公室。 Tā bù néng lái bàngōngshì.

□ 그는 한국에 온다.
□ 他来韩国。 Tā lái Hánguó.

□ 그는 한국에 오지 않았다.
□ 他没来韩国。 Tā méi lái Hánguó.

□ 그는 한국에 오니?
□ 他来韩国吗? Tā lái Hánguó ma?

□ 그는 한국에 올 수 있다.
□ 他能来韩国。 Tā néng lái Hánguó.

□ 그는 한국에 올 수 없다.
□ 他不能来韩国。 Tā bù néng lái Hánguó.

028 放 놓다

fàng

028A

	주어	부사어	술어	목적어	어기조사	
① 기본형	床上 Chuángshàng		放着 fàngzhe	衣服。 yīfu.		침대 위에 옷이 놓여있다. 着는 동사 뒤에서 상태 지속을 나타내요.
② 부정하기	床上 Chuángshàng	没 méi	放着 fàngzhe	衣服。 yīfu.		침대 위에 옷이 놓여있지 않았다.
③ 물어보기	床上 Chuángshàng		放着 fàngzhe	衣服 yīfu	吗? ma?	침대 위에 옷이 놓여있니?
④ 가능긍정	床上 Chuángshàng	能 néng	放 fàng	衣服。 yīfu.		침대 위에 옷을 놓을 수 있다.
⑤ 가능부정	床上 Chuángshàng	不能 bù néng	放 fàng	衣服。 yīfu.		침대 위에 옷을 놓으면 안 된다.

★주어 床上과 목적어 衣服를 아래 단어로 바꾸어 연습해 보세요. 028B

床上 chuángshàng 침대 위 ▶ 桌子上 zhuōzishàng 책상 위 | 椅子上 yǐzishàng 의자 위

衣服 yīfu 옷 ▶ 咖啡 kāfēi 커피 | 行李 xíngli 짐, 여행가방

복습하기

단어와 문장을 떠올려보세요.

1. 기본형 床上 ___ 着衣服。 Chuángshàng _____ zhe yīfu.

2. 부정하기 床上没 ___ 着衣服。 Chuángshàng ____ _____ zhe yīfu.

3. 물어보기 床上 ___ 着衣服吗？ Chuángshàng _____ zhe yīfu ___?

4. 가능긍정 床上能 ___ 衣服。 Chuángshàng _____ _____ yīfu.

5. 가능부정 床上不能 ___ 衣服。 Chuángshàng ___ _____ _____ yīfu.

체크하기

028 C

단어와 문장을 확인해보세요.

☑ 책상 위에 커피가 놓여있다.	□ 桌子上放着咖啡。 Zhuōzishàng fàngzhe kāfēi.
□ 책상 위에 커피가 놓여있지 않았다.	□ 桌子上没放着咖啡。 Zhuōzishàng méi fàngzhe kāfēi.
□ 책상 위에 커피가 놓여있니?	□ 桌子上放着咖啡吗？ Zhuōzishàng fàngzhe kāfēi ma?
□ 책상 위에 커피를 놓을 수 있다.	□ 桌子上能放咖啡。 Zhuōzishàng néng fàng kāfēi.
□ 책상 위에 커피를 놓으면 안 된다.	□ 桌子上不能放咖啡。 Zhuōzishàng bù néng fàng kāfēi.
□ 의자 위에 짐이 놓여있다.	□ 椅子上放着行李。 Yǐzishàng fàngzhe xíngli.
□ 의자 위에 짐이 놓여있지 않았다.	□ 椅子上没放着行李。 Yǐzishàng méi fàngzhe xíngli.
□ 의자 위에 짐이 놓여있니?	□ 椅子上放着行李吗？ Yǐzishàng fàngzhe xíngli ma?
□ 의자 위에 짐을 놓을 수 있다.	□ 椅子上能放行李。 Yǐzishàng néng fàng xíngli.
□ 의자 위에 짐을 놓으면 안 된다.	□ 椅子上不能放行李。 Yǐzishàng bù néng fàng xíngli.

029 参加 참가하다

cānjiā

029A

	주어	부사어	술어	목적어	어기조사	
① 기본형	我 Wǒ		参加 cānjiā	考试。 kǎoshì.		▶ 나는 시험에 참가한다.
② 부정하기	我 Wǒ	不 bù	参加 cānjiā	考试。 kǎoshì		▶ 나는 시험에 참가하지 않는다.
③ 물어보기	你 Nǐ		参加 cānjiā	考试 kǎoshì	吗? ma?	▶ 너는 시험에 참가하니?
④ 가능긍정	我 Wǒ	能 néng	参加 cānjiā	考试。 kǎoshì.		▶ 나는 시험에 참가할 수 있다.
⑤ 가능부정	我 Wǒ	不能 bù néng	参加 cānjiā	考试。 kǎoshì.		▶ 나는 시험에 참가할 수 없다.

★목적어 考试를 아래 단어로 바꾸어 연습해 보세요. 029 B

考试 kǎoshì 시험 ▶ 会议 huìyì 회의 婚礼 hūnlǐ 결혼식

복습하기

단어와 문장을
떠올려보세요.

1. 기본형 我 ________ 考试。 Wǒ ________ kǎoshì.

2. 부정하기 我不 ________ 考试。 Wǒ ____ ________ kǎoshì.

3. 물어보기 你 ________ 考试吗? Nǐ ________ kǎoshì ____?

4. 가능긍정 我能 ________ 考试。 Wǒ ______ ________ kǎoshì.

5. 가능부정 我不能 ________ 考试。 Wǒ ____ ______ ________ kǎoshì.

체크하기

029 C

단어와 문장을
확인해보세요.

☑ 나는 회의에 참가한다. ☐ 我参加会议。 Wǒ cānjiā huìyì.

☐ 나는 회의에 참가하지 않는다. ☐ 我不参加会议。 Wǒ bù cānjiā huìyì.

☐ 너는 회의에 참가하니? ☐ 你参加会议吗? Nǐ cānjiā huìyì ma?

☐ 나는 회의에 참가할 수 있다. ☐ 我能参加会议。 Wǒ néng cānjiā huìyì.

☐ 나는 회의에 참가할 수 없다. ☐ 我不能参加会议。 Wǒ bù néng cānjiā huìyì.

☐ 나는 결혼식에 참석한다. ☐ 我参加婚礼。 Wǒ cānjiā hūnlǐ.

☐ 나는 결혼식에 참석하지 않는다. ☐ 我不参加婚礼。 Wǒ bù cānjiā hūnlǐ.

☐ 너는 결혼식에 참석하니? ☐ 你参加婚礼吗? Nǐ cānjiā hūnlǐ ma?

☐ 나는 결혼식에 참석할 수 있다. ☐ 我能参加婚礼。 Wǒ néng cānjiā hūnlǐ.

☐ 나는 결혼식에 참석할 수 없다. ☐ 我不能参加婚礼。 Wǒ bù néng cānjiā hūnlǐ.

030

发 보내다

fā

030A

	주어	부사어	술어	목적어	어기조사	
① 기본형	我 Wǒ		发 fā	短信。 duǎnxìn.		▸ 나는 문자메시지를 보낸다.
② 부정하기	我 Wǒ	没 méi	发 fā	短信。 duǎnxìn.		▸ 나는 문자메시지를 보내지 않았다.
③ 물어보기	你 Nǐ		发 fā	短信 duǎnxìn	吗? ma?	▸ 너는 문자메시지를 보내니?
④ 가능긍정	我 Wǒ	能 néng	发 fā	短信。 duǎnxìn.		▸ 나는 문자메시지를 보낼 수 있다.
⑤ 가능부정	我 Wǒ	不能 bù néng	发 fā	短信。 duǎnxìn.		▸ 나는 문자메시지를 보낼 수 없다.

★목적어 短信을 아래 단어로 바꾸어 연습해 보세요. 030B

短信 duǎnxìn 문자메시지 ▸ 电子邮件 diànzǐyóujiàn 이메일 | 传真 chuánzhēn 팩스

복습하기

단어와 문장을
떠올려보세요.

1. 기본형 我 ___ 短信。 Wǒ ____ duǎnxìn.
2. 부정하기 我没 ___ 短信。 Wǒ ____ ____ duǎnxìn.
3. 물어보기 你 ___ 短信吗? Nǐ ____ duǎnxìn ____?
4. 가능긍정 我能 ___ 短信。 Wǒ ____ ____ duǎnxìn.
5. 가능부정 我不能 ___ 短信。 Wǒ ____ ____ ____ duǎnxìn.

체크하기

030 C

단어와 문장을
확인해보세요.

☑ 나는 이메일을 보낸다. ☐ 我发电子邮件。
Wǒ fā diànzǐyóujiàn.

☐ 나는 이메일을 보내지 않았다. ☐ 我没发电子邮件。
Wǒ méi fā diànzǐyóujiàn.

☐ 너는 이메일을 보내니? ☐ 你发电子邮件吗?
Nǐ fā diànzǐyóujiàn ma?

☐ 나는 이메일을 보낼 수 있다. ☐ 我能发电子邮件。
Wǒ néng fā diànzǐyóujiàn.

☐ 나는 이메일을 보낼 수 없다. ☐ 我不能发电子邮件。
Wǒ bù néng fā diànzǐyóujiàn.

☐ 나는 팩스를 보낸다. ☐ 我发传真。
Wǒ fā chuánzhēn.

☐ 나는 팩스를 보내지 않았다. ☐ 我没发传真。
Wǒ méi fā chuánzhēn.

☐ 너는 팩스를 보내니? ☐ 你发传真吗?
Nǐ fā chuánzhēn ma?

☐ 나는 팩스를 보낼 수 있다. ☐ 我能发传真。
Wǒ néng fā chuánzhēn.

☐ 나는 팩스를 보낼 수 없다. ☐ 我不能发传真。
Wǒ bù néng fā chuánzhēn.

배운 것을 연습해 보아요!

1. 아래 단어의 한어병음과 뜻을 알맞게 이어주세요.

❶ 桌子 •	• kǎoshì •	• 시험
❷ 椅子 •	• chuánzhēn •	• 의자
❸ 考试 •	• hūnlǐ •	• 결혼식
❹ 婚礼 •	• yǐzi •	• 책상
❺ 传真 •	• zhuōzi •	• 팩스

2. 다음 문장의 틀린 부분을 바르게 고쳐보세요.

❶ 我给钥匙你。 내가 너에게 열쇠를 준다. ▶ ____________________

❷ 他能来不机场。 그는 공항에 올 수 없다. ▶ ____________________

❸ 床上衣服不能放。 침대 위에 옷을 놓으면 안 된다. ▶ ____________________

❹ 你考试参加吗? 너는 시험에 참가하니? ▶ ____________________

❺ 我短信能发。 나는 문자메시지를 보낼 수 있다. ▶ ____________________

3. 다음 문장의 한어병음과 뜻을 적어보세요.

❶ 我给你微信号。 ▶ ____________________

❷ 他不能来办公室。 ▶ ____________________

❸ 椅子上放着行李吗? ▶ ____________________

❹ 我参加会议。 ▶ ____________________

❺ 我没发传真。 ▶ ____________________

선생님의 노트!

❶ 不能

조동사 能의 부정형인 不能은 두 가지 의미를 가질 수 있다.

(1) …할 수 없다

예문 我不能做作业。 Wǒ bù néng zuò zuòyè. 나는 숙제를 할 수 없다.

(2) …해서는 안 된다, …하지 마라 [금지를 나타냄]

예문 你不能说。 Nǐ bù néng shuō. 너 말하면 안돼./ 너 말하지 마.

❷ 쌍빈동사 给

중국어는 목적어를 빈어(宾语)라고 하는데, 동사가 두 개의 목적어(빈어)를 가질 수 있는 동사를 쌍빈동사라고 한다. 이때 첫 번째 목적어는 대상(사람), 두 번째 목적어는 사물이나 추상적인 것이 올 수 있다. 문장 구조는 '주어+술어+목적어1(사람)+목적어2(사물)' 이다.

예문1	你	给	我	微信号。	네가 나에게 위챗아이디를 줘.
	주어	술어	목적어1(대상)	목적어1(추상명사)	
예문2	我	给	你	钥匙。	내가 너에게 열쇠를 줄게.
	주어	술어	목적어1(대상)	목적어1(사물)	

❸ 장소 명사가 주어 자리에 오는 문장 : 존현문

주어 자리에 시간 · 장소가 오고 술어 자리에 존재 · 출현 · 소실을 나타내는 문장을 존현문이라고 한다.

(1) 주어 자리에 자주 쓰는 장소 명사 [사물 명사 뒤에 방위 명사(上 · 下 · 里 등)를 붙여주면 장소 명사가 됨]

桌子上 zhuōzi shàng 책상 위　床上 chuángshàng 침대 위　椅子上 yǐzi shàng 의자 위
教室里 jiàoshì li 교실 안　办公室里 bàngōngshì li 사무실 안　家里 jiāli 집 안
图书馆对面 túshūguǎn duìmiàn 도서관 맞은편　商店旁边 shāngdiàn pángbiān 상점 옆

(2) 술어 자리에 자주 쓰이는 존재 · 출현 · 소실 동사

존재 放着 fàngzhe　坐着 zuòzhe　躺着 tǎngzhe　站着 zhànzhe　停着 tíngzhe
출현 进来了 jìnláile　走过来 zǒu guòlái　跑过来 pǎo guòlái　开来了 kāiláile
소실 开走了 kāi zǒule　走过去 zǒu guòqù　跑过去 pǎo guòqù

★ 주어 자리에 장소 명사가 올 때, 전치사 在 (…에서)를 사용하지 않는다.

• 在桌子上有一杯咖啡。(X)　• 桌子上有一杯咖啡。(O)

MEMO

동사

031 ~ 035

조동사 "会"을 활용한 문장!
"나는 음식 주문 할 수 있어!"

미리보기

说	唱	开	骑	点
shuō 말하다	chàng 노래하다	kāi 운전하다	qí 타다	diǎn 주문하다

031 说 말하다

shuō

031A

	주어	부사어	술어	목적어	어기조사	
① 기본형	他 Tā		说 shuō	汉语。 hànyǔ.		▸ 그는 중국어로 말한다.
② 부정하기	他 Tā	不 bù	说 shuō	汉语。 hànyǔ.		▸ 그는 중국어로 말하지 않는다.
③ 물어보기	他 Tā		说 shuō	汉语 hànyǔ	吗? ma?	▸ 그는 중국어로 말하니?
④ 능력긍정	他 Tā	会 huì	说 shuō	汉语。 hànyǔ.		▸ 그는 중국어로 말할 줄 안다. 조동사 会는 배우고 습득하여 '…할 수 있다, …할 줄 안다'라는 의미로 쓰여요.
⑤ 능력부정	他 Tā	不会 bú huì	说 shuō	汉语。 hànyǔ.		▸ 그는 중국어로 말할 줄 모른다.

★목적어 汉语를 아래 단어로 바꾸어 연습해 보세요. 031B

汉语 hànyǔ 중국어 ▸ 英语 yīngyǔ 영어 | 越南语 yuènányǔ 베트남어

복습하기

단어와 문장을
떠올려보세요.

1. 기본형 他　　汉语。 Tā ______ hànyǔ.
2. 부정하기 他不　　汉语。 Tā ____ ______ hànyǔ.
3. 물어보기 他　　汉语吗？ Tā ______ hànyǔ ____?
4. 능력긍정 他会　　汉语。 Tā _____ ______ hànyǔ.
5. 능력부정 他不会　　汉语。 Tā ____ _____ ______ hànyǔ.

체크하기

031 C

단어와 문장을
확인해보세요.

☑ 그는 영어로 말한다. ☐ 他说英语。 Tā shuō yīngyǔ.

☐ 그는 영어로 말하지 않는다. ☐ 他不说英语。 Tā bù shuō yīngyǔ.

☐ 그는 영어로 말하니? ☐ 他说英语吗？ Tā shuō yīngyǔ ma?

☐ 그는 영어로 말할 줄 안다. ☐ 他会说英语。 Tā huì shuō yīngyǔ.

☐ 그는 영어로 말할 줄 모른다. ☐ 他不会说英语。 Tā bú huì shuō yīngyǔ.

☐ 그는 베트남어로 말한다. ☐ 他说越南语。 Tā shuō yuènányǔ.

☐ 그는 베트남어로 말하지 않는다. ☐ 他不说越南语。 Tā bù shuō yuènányǔ.

☐ 그는 베트남어로 말하니? ☐ 他说越南语吗？ Tā shuō yuènányǔ ma?

☐ 그는 베트남어로 말할 줄 안다. ☐ 他会说越南语。 Tā huì shuō yuènányǔ.

☐ 그는 베트남어로 말할 줄 모른다. ☐ 他不会说越南语。 Tā bú huì shuō yuènányǔ.

032

唱 노래하다

chàng

032

	주어	부사어	술어	목적어	어기조사	
① 기본형	我 Wǒ		唱 chàng	歌。 gē.		▸ 나는 노래를 부른다.
② 부정하기	我 Wǒ	不 bú	唱 chàng	歌。 gē.		▸ 나는 노래를 부르지 않는다.
③ 물어보기	你 Nǐ		唱 chàng	歌 gē	吗? ma?	▸ 너는 노래를 부르니?
④ 능력긍정	我 Wǒ	会 huì	唱 chàng	歌。 gē.		▸ 나는 노래를 부를 줄 안다.
⑤ 능력부정	我 Wǒ	不会 bú huì	唱 chàng	歌。 gē.		▸ 나는 노래를 부를 줄 모른다.

★목적어 歌를 아래 단어로 바꾸어 연습해 보세요. 032 B

歌 gē 노래 ▶ 中文歌 zhōngwén gē 중국 노래 | 英文歌 yīngwén gē 영어 노래, 팝송

복습하기

단어와 문장을
떠올려보세요.

1. 기본형 我 ___ 歌。 Wǒ ______ gē.
2. 부정하기 我不 ___ 歌。 Wǒ ____ ______ gē.
3. 물어보기 你 ___ 歌吗? Nǐ ______ gē ____?
4. 능력긍정 我会 ___ 歌。 Wǒ ______ ______ gē.
5. 능력부정 我不会 ___ 歌。 Wǒ ____ ____ ______ gē.

체크하기

032C

단어와 문장을
확인해보세요.

☑ 나는 중국 노래를 부른다.	☐ 我唱中文歌。 Wǒ chàng zhōngwén gē.
☐ 나는 중국 노래를 부르지 않는다.	☐ 我不唱中文歌。 Wǒ bú chàng zhōngwén gē.
☐ 너는 중국 노래를 부르니?	☐ 你唱中文歌吗? Nǐ chàng zhōngwén gē ma?
☐ 나는 중국 노래를 부를 줄 안다.	☐ 我会唱中文歌。 Wǒ huì chàng zhōngwén gē.
☐ 나는 중국 노래를 부를 줄 모른다.	☐ 我不会唱中文歌。 Wǒ bú huì chàng zhōngwén gē.
☐ 나는 영어 노래를 부른다.	☐ 我唱英文歌。 Wǒ chàng yīngwén gē.
☐ 나는 영어 노래를 부르지 않는다.	☐ 我不唱英文歌。 Wǒ bú chàng yīngwén gē.
☐ 너는 영어 노래를 부르니?	☐ 你唱英文歌吗? Nǐ chàng yīngwén gē ma?
☐ 나는 영어 노래를 부를 줄 안다.	☐ 我会唱英文歌。 Wǒ huì chàng yīngwén gē.
☐ 나는 영어 노래를 부를 줄 모른다.	☐ 我不会唱英文歌。 Wǒ bú huì chàng yīngwén gē.

033

开 운전하다

kāi

033

	주어	부사어	술어	목적어	어기조사	
① 기본형	我 Wǒ		开 kāi	车。 chē.		▶ 나는 운전한다.
② 부정하기	我 Wǒ	不 bù	开 kāi	车。 chē.		▶ 나는 운전하지 않는다.
③ 물어보기	你 Nǐ		开 kāi	车 chē	吗? ma?	▶ 너는 운전하니?
④ 능력긍정	我 Wǒ	会 huì	开 kāi	车。 chē.		▶ 나는 운전할 줄 안다.
⑤ 능력부정	我 Wǒ	不会 bú huì	开 kāi	车。 chē.		▶ 나는 운전할 줄 모른다.

★목적어 车를 아래 단어로 바꾸어 연습해 보세요. 033B

车 chē 자동차 ▶ 火车 huǒchē 기차 | 飞机 fēijī 비행기

복습하기

단어와 문장을 떠올려보세요.

1. 기본형 我 ___ 车。 Wǒ _____ chē.
2. 부정하기 我不 ___ 车。 Wǒ ____ _____ chē.
3. 물어보기 你 ___ 车吗? Nǐ _____ chē ____?
4. 능력긍정 我会 ___ 车。 Wǒ _____ _____ chē.
5. 능력부정 我不会 ___ 车。 Wǒ ____ _____ _____ chē.

체크하기

033C

단어와 문장을 확인해보세요.

☑ 나는 기차를 운전한다.	□ 我开火车。 Wǒ kāi huǒchē.
□ 나는 기차를 운전하지 않는다.	□ 我不开火车。 Wǒ bù kāi huǒchē.
□ 너는 기차를 운전하니?	□ 你开火车吗? Nǐ kāi huǒchē ma?
□ 나는 기차를 운전할 줄 안다.	□ 我会开火车。 Wǒ huì kāi huǒchē.
□ 나는 기차를 운전할 줄 모른다.	□ 我不会开火车。 Wǒ bú huì kāi huǒchē.
□ 나는 비행기를 운전한다.	□ 我开飞机。 Wǒ kāi fēijī.
□ 나는 비행기를 운전하지 않는다.	□ 我不开飞机。 Wǒ bù kāi fēijī.
□ 너는 비행기를 운전하니?	□ 你开飞机吗? Nǐ kāi fēijī ma?
□ 나는 비행기를 운전할 수 있다.	□ 我会开飞机。 Wǒ huì kāi fēijī.
□ 나는 비행기를 운전할 줄 모른다.	□ 我不会开飞机。 Wǒ bú huì kāi fēijī.

034

骑 타다

qí

034A

주어 부사어 술어 목적어 어기조사

① 기본형	我 Wǒ		骑 qí	自行车。 zìxíngchē.		▶ 나는 자전거를 탄다. 이륜차나 동물을 탈 때 쓰는 동사는 骑 qí이다.
② 부정하기	我 Wǒ	不 bù	骑 qí	自行车。 zìxíngchē.		▶ 나는 자전거를 타지 않는다.
③ 물어보기	你 Nǐ		骑 qí	自行车 zìxíngchē	吗? ma?	▶ 너는 자전거를 타니?
④ 능력긍정	我 Wǒ	会 huì	骑 qí	自行车。 zìxíngchē.		▶ 나는 자전거를 탈 줄 안다.
⑤ 능력부정	我 Wǒ	不会 bú huì	骑 qí	自行车。 zìxíngchē.		▶ 나는 자전거를 탈 줄 모른다.

★목적어 自行车를 아래 단어로 바꾸어 연습해 보세요. 034B

自行车 zìxíngchē 자전거 ▶ 摩托车 mótuōchē 오토바이 | 马 mǎ 말

복습하기

단어와 문장을 떠올려보세요.

1. 기본형 我 ___ 自行车。 Wǒ ___ zìxíngchē.
2. 부정하기 我不 ___ 自行车。 Wǒ ___ ___ zìxíngchē.
3. 물어보기 你 ___ 自行车吗? Nǐ ___ zìxíngchē ___?
4. 능력긍정 我会 ___ 自行车。 Wǒ ___ ___ zìxíngchē.
5. 능력부정 我不会 ___ 自行车。 Wǒ ___ ___ ___ zìxíngchē.

체크하기

034 C

단어와 문장을 확인해보세요.

☑ 나는 오토바이를 탄다. ☐ 我骑摩托车。 Wǒ qí mótuōchē.

☐ 나는 오토바이를 타지 않는다. ☐ 我不骑摩托车。 Wǒ bù qí mótuōchē.

☐ 너는 오토바이를 타니? ☐ 你骑摩托车吗? Nǐ qí mótuōchē ma?

☐ 나는 오토바이를 탈 줄 안다. ☐ 我会骑摩托车。 Wǒ huì qí mótuōchē.

☐ 나는 오토바이를 탈 줄 모른다. ☐ 我不会骑摩托车。 Wǒ bú huì qí mótuōchē.

☐ 나는 말을 탄다. ☐ 我骑马。 Wǒ qí mǎ.

☐ 나는 말을 타지 않는다. ☐ 我不骑马。 Wǒ bù qí mǎ.

☐ 너는 말을 타니? ☐ 你骑马吗? Nǐ qí mǎ ma?

☐ 나는 말을 탈 줄 안다. ☐ 我会骑马。 Wǒ huì qí mǎ.

☐ 나는 말을 탈 줄 모른다. ☐ 我不会骑马。 Wǒ bú huì qí mǎ.

035 点 주문하다

diǎn

035A

	주어	부사어	술어	목적어	어기조사	
① 기본형	我 Wǒ		点 diǎn	中国菜。 zhōngguócài.		▶ 나는 한국음식을 주문한다.
② 부정하기	我 Wǒ	没 méi	点 diǎn	中国菜。 zhōngguócài.		▶ 나는 한국음식을 주문하지 않았다.
③ 물어보기	你 Nǐ		点 diǎn	中国菜 zhōngguócài	吗? ma?	▶ 너는 한국음식을 주문하니?
④ 능력긍정	我 Wǒ	会 huì	点 diǎn	中国菜。 zhōngguócài.		▶ 나는 한국음식을 주문할 수 있다.
⑤ 능력부정	我 Wǒ	不会 bú huì	点 diǎn	中国菜。 zhōngguócài.		▶ 나는 한국음식을 주문할 수 없다.

★목적어 韩国菜를 아래 단어로 바꾸어 연습해 보세요. 035 B

中国菜 zhōngguócài 중국음식 ▶ 广东菜 guǎngdōngcài 광동음식 四川菜 sìchuāncài 사천음식

복습하기

단어와 문장을 떠올려보세요.

1. 기본형 我 ___ 中国菜。 Wǒ ___ zhōngguócài.
2. 부정하기 我没 ___ 中国菜。 Wǒ ___ ___ zhōngguócài.
3. 물어보기 你 ___ 中国菜吗？ Nǐ ___ zhōngguócài ___?
4. 능력긍정 我会 ___ 中国菜。 Wǒ ___ ___ zhōngguócài.
5. 능력부정 我不会 ___ 中国菜。 Wǒ ___ ___ ___ zhōngguócài.

체크하기

035C

단어와 문장을 확인해보세요.

☑ 나는 광동음식을 주문한다.	☐ 我点广东菜。 Wǒ diǎn guǎngdōngcài.
☐ 나는 광동음식을 주문하지 않았다.	☐ 我没点广东菜。 Wǒ méi diǎn guǎngdōngcài.
☐ 너는 광동음식을 주문하니?	☐ 你点广东菜吗? Nǐ diǎn guǎngdōngcài ma?
☐ 나는 광동음식을 주문할 수 있다.	☐ 我会点广东菜。 Wǒ huì diǎn guǎngdōngcài.
☐ 나는 광동음식을 주문할 수 없다.	☐ 我不会点广东菜。 Wǒ bú huì diǎn guǎngdōngcài.
☐ 나는 사천음식을 주문한다.	☐ 我点四川菜。 Wǒ diǎn sìchuāncài.
☐ 나는 사천음식을 주문하지 않았다.	☐ 我没点四川菜。 Wǒ méi diǎn sìchuāncài.
☐ 너는 사천음식을 주문하니?	☐ 你点四川菜吗? Nǐ diǎn sìchuāncài ma?
☐ 나는 사천음식을 주문할 수 있다.	☐ 我会点四川菜。 Wǒ huì diǎn sìchuāncài.
☐ 나는 사천음식을 주문할 수 없다.	☐ 我不会点四川菜。 Wǒ bú huì diǎn sìchuāncài.

배운 것을 연습해 보아요!

1. 다음 중 不의 성조가 나머지와 다르게 읽히는 것을 골라보세요.

❶ 我不骑马。

❷ 我不开车。

❸ 我不点广东菜。

❹ 我不唱歌。

❺ 我不说汉语。

2. 다음 문장의 틀린 부분을 바르게 고쳐보세요.

❶ 他会不说越南语。 그는 베트남어를 할 줄 모른다. ▶ ____________________

❷ 你摩托车骑吗? 너는 오토바이를 타니? ▶ ____________________

❸ 他会不开公共汽车。 그는 버스를 운전할 줄 모른다. ▶ ____________________

❹ 我点中国菜没。 나는 중국음식을 주문한다. ▶ ____________________

❺ 他英文歌不会唱。 그는 영어 노래를 부를 줄 모른다. ▶ ____________________

3. 다음 문장의 한어병음과 뜻을 적어보세요.

❶ 我会骑马。 ▶ ____________________

❷ 他不会说英语。 ▶ ____________________

❸ 我不唱中文歌。 ▶ ____________________

❹ 我开出租车。 ▶ ____________________

❺ 我会点四川菜。 ▶ ____________________

선생님의 노트!

❶ 조동사 会

조동사 '会'는 배우고 습득하여 어떠한 행위를 '할 수 있다'고 말할 때, 동사술어 앞에 쓰이는 조동사로, 이때 부정부사 不는 동사 앞에 쓰지 않고, 조동사 会 앞에 쓰여, '不会'로 표현한다. 不会는 '…할 줄 모른다'는 의미이다.

❷ 骑와 함께 쓰이는 교통수단

自行车 zìxíngchē 자전거 ⇒ 骑自行车
摩托车 mótuōchē 오토바이 ⇒ 骑摩托车
电动滑板车 diàndòng huábǎnchē 전동킥보드 ⇒ 骑电动滑板车

TIP 버스, 택시, 기차, 비행기 등 '좌석에 앉아서 타고 가다'는 동사 坐를 쓰지만, 이륜차나 동물을 탈때는 동사 骑를 쓴다는 것을 꼭 알아두어야 해요.

MEMO

동사
036 ~ 040

조동사 "可以"를 활용한 문장!
"휴대전화를 가지고 있어도 돼~"

미리보기

回	拍	开	带	卖
huí 돌아가다	pāi 찍다, 촬영하다	kāi 켜다, 열다	dài 가지다, 데리다	mài 팔다

036

回 돌아가다

huí

036A

	주어	부사어	술어	목적어	어기조사	
① 기본형	我 Wǒ		回 huí	家。 jiā.		나는 집에 돌아간다.
② 부정하기	我 Wǒ	不 bù	回 huí	家。 jiā.		나는 집에 돌아가지 않는다.
③ 물어보기	你 Nǐ		回 huí	家 jiā	吗? ma?	너는 집에 돌아가니?
④ 허락긍정	我 Wǒ	可以 kěyǐ	回 huí	家。 jiā.		나는 집에 가도 된다. 조동사 可以는 '…해도 된다'라는 의미로, 허락 · 허가를 나타내요.
⑤ 허락부정	我 Wǒ	不可以 bù kěyǐ	回 huí	家。 jiā.		나는 집에 가면 안 된다. 조동사 可以의 부정은 不可以로 '…해서는 안 된다'라는 금지의 뜻을 나타내요.

★목적어 家를 아래 단어로 바꾸어 연습해 보세요. 036 B

家 jiā 집 ▶ 宿舍 sùshè 기숙사 韩国 Hánguó 한국

복습하기

단어와 문장을 떠올려보세요.

1. 기본형 我 ___ 家。 Wǒ ___ jiā.
2. 부정하기 我不 ___ 家。 Wǒ ___ ___ jiā.
3. 물어보기 你 ___ 家吗? Nǐ ___ jiā ___?
4. 허락긍정 我可以 ___ 家。 Wǒ ___ ___ jiā.
5. 허락부정 我不可以 ___ 家。 Wǒ ___ ___ ___ jiā.

체크하기

036 C

단어와 문장을 확인해보세요.

☑ 나는 기숙사로 돌아간다.	☐ 我回宿舍。 Wǒ huí sùshè.
☐ 나는 기숙사로 돌아가지 않는다.	☐ 我不回宿舍。 Wǒ bù huí sùshè.
☐ 너는 기숙사로 돌아가니?	☐ 你回宿舍吗? Nǐ huí sùshè ma?
☐ 나는 기숙사로 돌아가도 된다.	☐ 我可以回宿舍。 Wǒ kěyǐ huí sùshè.
☐ 나는 기숙사로 돌아가면 안 된다.	☐ 我不可以回宿舍。 Wǒ bù kěyǐ huí sùshè.

☐ 나는 한국으로 돌아간다.	☐ 我回韩国。 Wǒ huí Hánguó.
☐ 나는 한국으로 돌아가지 않는다.	☐ 我不回韩国。 Wǒ bù huí Hánguó.
☐ 너는 한국으로 돌아가니?	☐ 你回韩国吗? Nǐ huí Hánguó ma?
☐ 나는 한국으로 돌아가도 된다.	☐ 我可以回韩国。 Wǒ kěyǐ huí Hánguó.
☐ 나는 한국으로 돌아가면 안 된다.	☐ 我不可以回韩国。 Wǒ bù kěyǐ huí Hánguó.

037 拍 찍다, 촬영하다

pāi

037A

	주어	부사어	술어	목적어	어기조사	
① 기본형	他 Tā		拍 pāi	照片。 zhàopiàn.		▸ 그는 사진을 찍는다.
② 부정하기	他 Tā	不 bù	拍 pāi	照片。 zhàopiàn.		▸ 그는 사진을 찍지 않는다.
③ 물어보기	他 Tā		拍 pāi	照片 zhàopiàn	吗? ma?	▸ 그는 사진을 찍니?
④ 허락긍정	他 Tā	可以 kěyǐ	拍 pāi	照片。 zhàopiàn.		▸ 그는 사진을 찍어도 된다.
⑤ 허락부정	他 Tā	不可以 bù kěyǐ	拍 pāi	照片。 zhàopiàn.		▸ 그는 사진을 찍으면 안 된다.

★목적어 照片를 아래 단어로 바꾸어 연습해 보세요. 037B

照片 zhàopiàn 사진 ▶ 电影 diànyǐng 영화 电视剧 diànshìjù 드라마

복습하기

단어와 문장을 떠올려보세요.

1. 기본형 他 ___ 照片。 Tā ______ zhàopiàn.
2. 부정하기 他不 ___ 照片。 Tā _____ ______ zhàopiàn.
3. 물어보기 他 ___ 照片吗? Tā ______ zhàopiàn _____?
4. 허락긍정 他可以 ___ 照片。 Tā _______ ______ zhàopiàn.
5. 허락부정 他不可以 ___ 照片。 Tā _____ _______ ______ zhàopiàn.

체크하기

037 C

단어와 문장을 확인해보세요.

☑ 그는 영화를 찍는다.	□ 他拍电影。 Tā pāi diànyǐng.
□ 그는 영화를 찍지 않는다.	□ 他不拍电影。 Tā bù pāi diànyǐng.
□ 그는 영화를 찍니?	□ 他拍电影吗? Tā pāi diànyǐng ma?
□ 그는 영화를 찍어도 된다.	□ 他可以拍电影。 Tā kěyǐ pāi diànyǐng.
□ 그는 영화를 찍으면 안 된다.	□ 他不可以拍电影。 Tā bù kěyǐ pāi diànyǐng.
□ 그는 드라마를 찍는다.	□ 他拍电视剧。 Tā pāi diànshìjù.
□ 그는 드라마를 찍지 않는다.	□ 他不拍电视剧。 Tā bù pāi diànshìjù.
□ 그는 드라마를 찍니?	□ 他拍电视剧吗? Tā pāi diànshìjù ma?
□ 그는 드라마를 찍어도 된다.	□ 他可以拍电视剧。 Tā kěyǐ pāi diànshìjù.
□ 그는 드라마를 찍으면 안 된다.	□ 他不可以拍电视剧。 Tā bù kěyǐ pāi diànshìjù.

038

开 켜다, 열다

kāi

038A

	주어	부사어	술어	목적어	어기조사	
① 기본형	我 Wǒ		开 kāi	空调。 kōngtiáo.		▸ 나는 에어컨을 켠다.
② 부정하기	我 Wǒ	不 bù	开 kāi	空调。 kōngtiáo.		▸ 나는 에어컨을 켜지 않는다.
③ 물어보기	你 Nǐ		开 kāi	空调 kōngtiáo	吗? ma?	▸ 너는 에어컨을 켜니?
④ 허락긍정	你 Nǐ	可以 kěyǐ	开 kāi	空调。 kōngtiáo.		▸ 너는 에어컨을 켜도 된다.
⑤ 허락부정	你 Nǐ	不可以 bù kěyǐ	开 kāi	空调。 kōngtiáo.		▸ 너는 에어컨을 켜면 안 된다.

★목적어 空调를 아래 단어로 바꾸어 연습해 보세요. 038B

空调 kōngtiáo 에어컨 ▸ 窗户 chuānghu 창문 门 mén 문

복습하기

단어와 문장을
떠올려보세요.

1. 기본형 我 ___ 空调。 Wǒ ___ kōngtiáo.
2. 부정하기 我不 ___ 空调。 Wǒ ___ ___ kōngtiáo.
3. 물어보기 你 ___ 空调吗？ Nǐ ___ kōngtiáo ___?
4. 허락긍정 你可以 ___ 空调。 Nǐ ___ ___ kōngtiáo.
5. 허락부정 你不可以 ___ 空调。 Nǐ ___ ___ ___ kōngtiáo.

체크하기

038 C

단어와 문장을
확인해보세요.

☑ 나는 창문을 연다. ☐ 我开窗户。 Wǒ kāi chuānghu.

☐ 나는 창문을 열지 않는다. ☐ 我不开窗户。 Wǒ bù kāi chuānghu.

☐ 너는 창문을 여니? ☐ 你开窗户吗？ Nǐ kāi chuānghu ma?

☐ 너는 창문을 열어도 된다. ☐ 你可以开窗户。 Nǐ kěyǐ kāi chuānghu.

☐ 너는 창문을 열면 안 된다. ☐ 你不可以开窗户。 Nǐ bù kěyǐ kāi chuānghu.

☐ 나는 문을 연다. ☐ 我开门。 Wǒ kāi mén.

☐ 나는 문을 열지 않는다. ☐ 我不开门。 Wǒ bù kāi mén.

☐ 너는 문을 여니? ☐ 你开门吗？ Nǐ kāi mén ma?

☐ 너는 문을 열어도 된다. ☐ 你可以开门。 Nǐ kěyǐ kāi mén.

☐ 너는 문을 열면 안 된다. ☐ 你不可以开门。 Nǐ bù kěyǐ kāi mén.

039 带 가지다, 데리다

dài

039A

	주어	부사어	술어	목적어	어기조사	
① 기본형	他 Tā		带 dài	手机。 shǒujī.		▶ 그는 휴대전화를 가지고 있다.
② 부정하기	他 Tā	没 méi	带 dài	手机。 shǒujī.		▶ 그는 휴대전화를 가지고 오지 않았다.
③ 물어보기	他 Tā		带 dài	手机 shǒujī	吗? ma?	▶ 그는 휴대전화를 가지고 있니?
④ 허락긍정	他 Tā	可以 kěyǐ	带 dài	手机。 shǒujī.		▶ 그는 휴대전화를 가지고 있어도 된다.
⑤ 허락부정	他 Tā	不可以 bù kěyǐ	带 dài	手机。 shǒujī.		▶ 그는 휴대전화를 가지고 있으면 안 된다.

★목적어 手机를 아래 단어로 바꾸어 연습해 보세요. 039 B

手机 shǒujī 휴대전화 ▶ 钱 qián 돈 | 孩子 háizi 아이

복습하기

단어와 문장을
떠올려보세요.

1. 기본형 他 ___ 手机。 Tā _____ shǒujī.
2. 부정하기 他没 ___ 手机。 Tā _____ _____ shǒujī.
3. 물어보기 他 ___ 手机吗？ Tā _____ shǒujī _____?
4. 허락긍정 他可以 ___ 手机。 Tā _____ _____ shǒujī.
5. 허락부정 他不可以 ___ 手机。 Tā _____ _____ _____ shǒujī.

체크하기

039 C

단어와 문장을
확인해보세요.

☑ 그는 돈을 가지고 있다.	☐ 他带钱。 Tā dài qián.
☐ 그는 돈을 가지고 오지 않았다.	☐ 他没带钱。 Tā méi dài qián.
☐ 그는 돈을 가지고 있니?	☐ 他带钱吗? Tā dài qián ma?
☐ 그는 돈을 가지고 있어도 된다.	☐ 他可以带钱。 Tā kěyǐ dài qián.
☐ 그는 돈을 가지고 있으면 안 된다.	☐ 他不可以带钱。 Tā bù kěyǐ dài qián.
☐ 그는 아이를 데리고 있다.	☐ 他带孩子。 Tā dài háizi.
☐ 그는 아이를 데리고 오지 않았다.	☐ 他没带孩子。 Tā méi dài háizi.
☐ 그는 아이를 데리고 오니?	☐ 他带孩子吗? Tā dài háizi ma?
☐ 그는 아이를 데리고 와도 된다.	☐ 他可以带孩子。 Tā kěyǐ dài háizi.
☐ 그는 아이를 데리고 오면 안 된다.	☐ 他不可以带孩子。 Tā bù kěyǐ dài háizi.

040 卖 팔다

mài

040A

	주어	부사어	술어	목적어	어기조사	
① 기본형	他们 Tāmen		卖 mài	水果。 shuǐguǒ.		▶ 그들은 과일을 판다.
② 부정하기	他们 Tāmen	不 bú	卖 mài	水果。 shuǐguǒ.		▶ 그들은 과일을 팔지 않는다.
③ 물어보기	他们 Tāmen		卖 mài	水果 shuǐguǒ	吗? ma?	▶ 그들은 과일을 파니?
④ 허락긍정	他们 Tāmen	可以 kěyǐ	卖 mài	水果。 shuǐguǒ.		▶ 그들은 과일을 팔아도 된다.
⑤ 허락부정	他们 Tāmen	不可以 bù kěyǐ	卖 mài	水果。 shuǐguǒ.		▶ 그들은 과일을 팔면 안 된다.

他们은 '그들'이라는 뜻으로, 他의 복수예요.

★목적어 水果를 아래 단어로 바꾸어 연습해 보세요. 040B

水果 shuǐguǒ 과일 ▶ 彩票 cǎipiào 복권 | 股票 gǔpiào 주식

복습하기

1. 기본형 他们 ____ 水果。 Tāmen ____ shuǐguǒ.
2. 부정하기 他们不 ____ 水果。 Tāmen ____ ____ shuǐguǒ.
3. 물어보기 他们 ____ 水果吗？ Tāmen ____ shuǐguǒ ____?
4. 허락긍정 他们可以 ____ 水果。 Tāmen ____ ____ shuǐguǒ.
5. 허락부정 他们不可以 ____ 水果。 Tāmen ____ ____ ____ shuǐguǒ.

체크하기

040 C

☑ 그들은 복권을 판다. □ 他们卖彩票。 Tāmen mài cǎipiào.

□ 그들은 복권을 팔지 않는다. □ 他们不卖彩票。 Tāmen bú mài cǎipiào.

□ 그들은 복권을 파니? □ 他们卖彩票吗? Tāmen mài cǎipiào ma?

□ 그들은 복권을 팔아도 된다. □ 他们可以卖彩票。 Tāmen kěyǐ mài cǎipiào.

□ 그들은 복권을 팔면 안 된다. □ 他们不可以卖彩票。 Tāmen bù kěyǐ mài cǎipiào.

□ 그들은 주식을 판다. □ 他们卖股票。 Tāmen mài gǔpiào.

□ 그들은 주식을 팔지 않는다. □ 他们不卖股票。 Tāmen bú mài gǔpiào.

□ 그들은 주식을 파니? □ 他们卖股票吗? Tāmen mài gǔpiào ma?

□ 그들은 주식을 팔아도 된다. □ 他们可以卖股票。 Tāmen kěyǐ mài gǔpiào.

□ 그들은 주식을 팔면 안 된다. □ 他们不可以卖股票。 Tāmen bù kěyǐ mài gǔpiào.

배운 것을 연습해 보아요!

1. 다음 중 不의 성조가 2성인 것 두 개를 골라보세요.

❶ 我不回家。

❷ 他不拍照片。

❸ 你不可以开门。

❹ 他不带钱。

❺ 他们不卖股票。

2. 다음 문장의 틀린 부분을 바르게 고쳐보세요.

❶ 你宿舍回吗? 너는 기숙사로 돌아가니? ▶ ______

❷ 他可以拍不电影。 그는 영화를 찍으면 안 된다. ▶ ______

❸ 我开不窗户。 나는 창문을 열지 않는다. ▶ ______

❹ 他不可以手机带。 그는 휴대전화를 가지고 있으면 안 된다. ▶ ______

❺ 他们可以卖股票不。 그들은 주식을 팔면 안 된다. ▶ ______

3. 다음 문장의 한어병음과 뜻을 적어보세요.

❶ 我可以回宿舍。 ▶ ______

❷ 他不拍电视剧。 ▶ ______

❸ 你可以开门。 ▶ ______

❹ 他带孩子吗? ▶ ______

❺ 他们卖彩票。 ▶ ______

선생님의 노트!

❶ 조동사 可以

(1) 허락 · 허가를 나타내는 '…해도 된다'의 뜻이며, 부정은 '…해서는 안 된다'의 금지의 의미인 不可以로 쓴다.

예문 你可以出门。Nǐ kěyǐ chūmén. 너는 외출해도 된다.

예문 你不可以出门。Nǐ bù kěyǐ chūmén. 너는 외출해서는 안 된다.

(2) 가능이나 능력을 나타내는 '…할 수 있다'. 부정은 '…할 수 없다'라는 뜻으로 가능하지 않음을 나타낸다.

예문 他可以去出差。Tā kěyǐ qù chūchāi. 그는 출장을 갈 수 있다.

예문 他不可以去出差。Tā bù kěyǐ qù chūchāi. 그는 출장을 갈 수 없다.

❷ 장소명사

家 jiā 집	学校 xuéxiào 학교	宿舍 sùshè 기숙사
图书馆 túshūguǎn 도서관	公司 gōngsī 회사	办公室 bàngōngshì 사무실
会议室 huìyìshì 회의실	商店 shāngdiàn 상점	超市 chāoshì 슈퍼마켓
百货商店 bǎihuò shāngdiàn 백화점		咖啡厅 kāfēitīng 커피숍
公园 gōngyuán 공원	动物园 dòngwùyuán 동물원	植物园 zhíwùyuán 식물원
酒店 jiǔdiàn 호텔	饭店 fàndiàn 식당, 호텔	食堂 shítáng 식당
机场 jīchǎng 공항	火车站 huǒchēzhàn 기차역	地铁站 dìtiězhàn 지하철역
星巴克 xīngbākè 스타벅스	蓝瓶子咖啡 lánpíngzi kāfēi 블루보틀	
麦当劳 màidāngláo 맥도날드		肯德基 kěndéjī KFC
乐天玛特 lètiān mǎtè 롯데마트		易买得 yìmǎidé 이마트

❸ 과일 종류

水果 shuǐguǒ 과일	苹果 píngguǒ 사과	西瓜 xīguā 수박	西红柿 xīhóngshì 토마토
香蕉 xiāngjiāo 바나나	葡萄 pútáo 포도	甜瓜 tiánguā 참외	哈密瓜 hāmìguā 하미과
桃子 táozi 복숭아	李子 lǐzǐ 자두	樱桃 yīngtáo 앵두	

❹ 开와 关

开 켜다, 열다	关 끄다, 닫다
空调 kōngtiáo 에어컨　暖气 nuǎnqì 난방　灯 dēng 등, 불 门 mén 문　窗户 chuānghu 창문	

❺ 带의 여러가지 뜻

(1) (몸에)지니다, 휴대하다, 가지다

带手机 dài shǒujī 핸드폰을 가지고 가다　带钱包 dài qiánbāo 지갑을 가지고 가다

(2) 이끌다, 데리다

带儿子去 dài érzi qù 아들을 데리고가다　带朋友去 dài péngyou qù 친구를 데리고가다

MEMO

동사

041 ~ 045

다양한 형태로 질문하는 문장!
"그녀는 누구니?"

미리보기

是	在	有	打算	喜欢
shì …이다	zài …(장소)에 있다	yǒu …(사람 · 사물)이 있다	dǎsuàn …할 계획이다	xǐhuan 좋아하다

041 是 …이다

shì

	주어	부사어	술어	목적어	어기조사	
① 기본형	她 Tā		是 shì	我妻子。 wǒ qīzi.		▶ 그녀는 나의 아내이다. A 是 B : 'A는 B이다.' 이때, A가 사람이면, B도 사람, A가 사물이면 B도 사물이 되어야 해요.
② 부정하기	她 Tā	不 bú	是 shì	我妻子。 wǒ qīzi.		▶ 그녀는 나의 아내가 아니다. 是의 부정은 不是로, '…이 아니다' 라는 의미로 쓰여요.
③ 물어보기	她 Tā		是 shì	你妻子 nǐ qīzi	吗? ma?	▶ 그녀는 너의 아내이니?
④ 정반의문	她 Tā		是不是 shì bu shì	你妻子? nǐ qīzi?		▶ 그녀는 너의 아내이니, 아니니? 是(긍정)과 不是(부정)을 함께 써서 是不是로 표현하면 是…吗와 같은 뜻이에요. 이때 不는 경성이에요
⑤ 의문대사	她 Tā		是 shì	谁? shéi?		▶ 그녀는 누구니? 의문대사 谁는 '누구' 라는 의미로, 문장에서 吗가 없어도, 의문문으로 만들 수 있어요.

★목적어 你妻子를 아래 단어로 바꾸어 연습해 보세요. 041B

你妻子 Nǐ qīzi 너의 아내 ▶ 大夫 dàifu 의사 | 作家 zuòjiā 작가

복습하기

단어와 문장을
떠올려보세요.

1. 기본형 她 ____ 我妻子。 Tā ____ wǒ qīzi.
2. 부정하기 她不 ____ 我妻子。 Tā ____ ____ wǒ qīzi.
3. 물어보기 她 ____ 你妻子吗？ Tā ____ nǐ qīzi ____?
4. 정반의문 她 ____ 不 ____ 你妻子？ Tā ____ ____ nǐ qīzi.
5. 의문대사 她 ____ 谁？ Tā ____ shéi?

체크하기

041 C

단어와 문장을
확인해보세요.

☑ 그녀는 의사이다.	☐ 她是大夫。 Tā shì dàifu.
☐ 그녀는 의사가 아니다.	☐ 她不是大夫。 Tā bú shì dàifu.
☐ 그녀는 의사니?	☐ 她是大夫吗？ Tā shì dàifu ma?
☐ 그녀는 의사이니, 아니니?	☐ 她是不是大夫？ Tā shì bu shì dàifu?
☐ 그녀는 누구니?	☐ 她是谁？ Tā shì shéi?

☐ 그녀는 작가이다.	☐ 她是作家。 Tā shì zuòjiā.
☐ 그녀는 작가가 아니다.	☐ 她不是作家。 Tā bú shì zuòjiā.
☐ 그녀는 작가니?	☐ 她是作家吗？ Tā shì zuòjiā mǎ?
☐ 그녀는 작가이니, 아니니?	☐ 她是不是作家？ Tā shì bu shì zuòjiā?
☐ 그녀는 누구니?	☐ 她是谁？ Tā shì shéi?

042A

042 在 …(장소)에 있다
zài

	주어	부사어	술어	목적어	어기조사	
① 기본형	我 Wǒ		在 zài	办公室。 bàngōngshì.		▶ 나는 사무실에 있다. A(사람·사물) 在 B(장소) : 'A가 B에 있다.' 부정은 A不在 B: 'A가 B에 없다.'
② 부정하기	我 Wǒ	不 bú	在 zài	办公室。 bàngōngshì.		▶ 나는 사무실에 없다.
③ 물어보기	你 Nǐ		在 zài	办公室 bàngōngshì	吗? ma?	▶ 너는 사무실에 있니?
④ 정반의문	你 Nǐ		在不在 zài bu zài	办公室? bàngōngshì?		▶ 너는 사무실에 있니, 없니?
⑤ 의문대사	你 Nǐ		在 zài	哪儿? nǎr?		▶ 너는 어디에 있니? 의문대사 哪儿은 '어디' 라는 뜻으로, 문장에서 吗 없이도, 의문문으로 만들 수 있답니다.

★주어 我, 你와 목적어 办公室를 아래 단어로 바꾸어 연습해 보세요. 042B

我 wǒ 나 ▶ 爸爸 bàba 아빠 公司 gōngsī 회사

办公室 bàngōngshì 사무실 ▶ 中国 Zhōngguó 중국 首尔 Shǒu'ěr 서울

복습하기

단어와 문장을 떠올려보세요.

1. 기본형 **我 ___ 办公室。** Wǒ ____ bàngōngshì.
2. 부정하기 **我**不 ___ **办公室。** Wǒ ____ ____ bàngōngshì.
3. 물어보기 **你 ___ 办公室**吗? Nǐ ____ bàngōngshì ____?
4. 정반의문 **你** ___ 不 ___ **办公室?** Nǐ ____ ____ bàngōngshì.
5. 의문대사 **你** ___ 哪儿? Nǐ ____ nǎr?

체크하기

단어와 문장을 확인해보세요.

042 C

☑ 아빠는 중국에 계신다.	□ 爸爸在中国。 Bàba zài Zhōngguó.
□ 아빠는 중국에 계시지 않다.	□ 爸爸不在中国。 Bàba bú zài Zhōngguó.
□ 아빠는 중국에 계시니?	□ 爸爸在中国吗? Bàba zài Zhōngguó ma?
□ 아빠는 중국에 계시니, 안 계시니?	□ 爸爸在不在中国? Bàba zài bu zài Zhōngguó?
□ 아빠는 어디에 계시니?	□ 爸爸在哪儿? Bàba zài nǎr?

□ 회사는 서울에 있다.	□ 公司在首尔。 Gōngsī zài Shǒu'ěr.
□ 회사는 서울에 있지 않다.	□ 公司不在首尔。 Gōngsī bú zài Shǒu'ěr.
□ 회사는 서울에 있니?	□ 公司在首尔吗? Gōngsī zài Shǒu'ěr ma?
□ 회사는 서울에 있니, 없니?	□ 公司在不在首尔? Gōngsī zài bu zài Shǒu'ěr?
□ 회사는 어디에 있니?	□ 公司在哪儿? Gōngsī zài nǎr?

043 有 …(사람·사물)이 있다

yǒu

043A

	주어	부사어	술어	목적어	어기조사	
① 기본형	我 Wǒ		有 yǒu	钱包。 qiánbāo.		▶ 나는 지갑이 있다.
② 부정하기	我 Wǒ	没 méi	有 yǒu	钱包。 qiánbāo.		▶ 나는 지갑이 없다. 有의 부정은 没이며, 没有로 표현해요. 절대로 不有를 쓰지 않도록 주의!
③ 물어보기	你 Nǐ		有 yǒu	钱包 qiánbāo	吗? ma?	▶ 너는 지갑이 있니?
④ 정반의문	你 Nǐ		有没有 yǒu méiyǒu	钱包? qiánbāo?		▶ 너는 지갑이 있니, 없니?
⑤ 의문대사	你 Nǐ		有 yǒu	什么? shénme?		▶ 너는 무엇을 가지고 있니? 의문대사 什么는 '무엇'이라는 뜻으로, 문장에서 吗없이도 의문문으로 만들 수 있어요.

★목적어 钱包를 아래 단어로 바꾸어 연습해 보세요. 043 B

钱包 qiánbāo 지갑 ▶ 手机 shǒujī 휴대전화 | 笔记本电脑 bǐjìběn diànnǎo 노트북

복습하기

단어와 문장을 떠올려보세요.

1. 기본형 我 ___ 钱包。 Wǒ ___ qiánbāo.
2. 부정하기 我没 ___ 钱包。 Wǒ ___ ___ qiánbāo.
3. 물어보기 你 ___ 钱包吗? Nǐ ___ qiánbāo ___?
4. 정반의문 你 ___ 没 ___ 钱包? Nǐ ___ ___ qiánbāo.
5. 의문대사 你 ___ 什么? Nǐ ___ shénme?

체크하기

043 C

단어와 문장을 확인해보세요.

- ☑ 나는 휴대전화가 있다. — ☐ 我有手机。 Wǒ yǒu shǒujī.
- ☐ 나는 휴대전화가 없다. — ☐ 我没有手机。 Wǒ méiyǒu shǒujī.
- ☐ 너는 휴대전화가 있니? — ☐ 你有手机吗? Nǐ yǒu shǒujī ma?
- ☐ 너는 휴대전화가 있니, 없니? — ☐ 你有没有手机? Nǐ yǒu méiyǒu shǒujī?
- ☐ 너는 무엇을 가지고 있니? — ☐ 你有什么? Nǐ yǒu shénme?

- ☐ 나는 노트북이 있다. — ☐ 我有笔记本电脑。 Wǒ yǒu bǐjìběn diànnǎo.
- ☐ 나는 노트북이 없다. — ☐ 我没有笔记本电脑。 Wǒ méiyǒu bǐjìběn diànnǎo.
- ☐ 너는 노트북이 있니? — ☐ 你有笔记本电脑吗? Nǐ yǒu bǐjìběn diànnǎo ma?
- ☐ 너는 노트북이 있니, 없니? — ☐ 你有没有笔记本电脑? Nǐ yǒu méiyǒu bǐjìběn diànnǎo?
- ☐ 너는 무엇을 가지고 있니? — ☐ 你有什么? Nǐ yǒu shénme?

044

打算 …할 계획이다

dǎsuàn

044A

	주어	부사어	술어	목적어(동사구)	어기조사	
① 기본형	我 Wǒ		打算 dǎsuàn	去游泳。 qù yóuyǒng.		나는 수영하러 갈 계획이다.
② 부정하기	我 Wǒ	不 bù	打算 dǎsuàn	去游泳。 qù yóuyǒng.		나는 수영하러 갈 계획이 없다.
③ 물어보기	你 Nǐ		打算 dǎsuàn	去游泳 qù yóuyǒng	吗? ma?	너는 수영하러 갈 계획이니?
④ 정반의문	你 Nǐ		打不打算 dǎ bu dǎsuàn	去游泳? qù yóuyǒng?		너는 수영하러 갈 계획이니, 아니니?
⑤ 의문대사	你 Nǐ		打算 dǎsuàn	什么时候 去? shénme shíhou qù?		너는 언제 갈 계획이니?

2음절 단어는 앞의 한 단어만 반복하여 써도 정반의문문이 돼요.

★목적어 游泳을 아래 단어로 바꾸어 연습해 보세요. 044B

游泳 yóuyǒng 수영하다 ▶ 留学 liúxué 유학하다 | 运动 yùndòng 운동하다

복습하기

단어와 문장을
떠올려보세요.

1. 기본형 我 去游泳。 Wǒ ______ qù yóuyǒng.
2. 부정하기 我不 去游泳。 Wǒ ______ ______ qù yóuyǒng.
3. 물어보기 你 去游泳吗？ Nǐ ______ qù yóuyǒng ___?
4. 정반의문 你 不 去游泳？ Nǐ ___ ________ qù yóuyǒng?
5. 의문대사 你 什么时候去？ Nǐ ______ ________ qù?

체크하기

단어와 문장을
확인해보세요.

044 C

- ☑ 나는 유학을 갈 계획이다. — ☐ 我打算去留学。 Wǒ dǎsuàn qù liúxué.
- ☐ 나는 유학을 갈 계획이 없다. — ☐ 我不打算去留学。 Wǒ bù dǎsuàn qù liúxué.
- ☐ 너는 유학을 갈 계획이니? — ☐ 你打算去留学吗? Nǐ dǎsuàn qù liúxué ma?
- ☐ 너는 유학을 갈 계획이니, 아니니? — ☐ 你打不打算去留学? Nǐ dǎ bu dǎsuàn qù liúxué?
- ☐ 너는 언제 갈 계획이니? — ☐ 你打算什么时候去? Nǐ dǎsuàn shénme shíhou qù?

- ☐ 나는 운동을 갈 계획이다. — ☐ 我打算去运动。 Wǒ dǎsuàn qù yùndòng.
- ☐ 나는 운동을 갈 계획이 없다. — ☐ 我不打算去运动。 Wǒ bù dǎsuàn qù yùndòng.
- ☐ 너는 운동을 갈 계획이니? — ☐ 你打算去运动吗? Nǐ dǎsuàn qù yùndòng ma?
- ☐ 너는 운동을 갈 계획이니, 아니니? — ☐ 你打不打算去运动? Nǐ dǎ bu dǎsuàn qù yùndòng?
- ☐ 너는 언제 갈 계획이니? — ☐ 你打算什么时候去? Nǐ dǎsuàn shénme shíhou qù?

045 喜欢 좋아하다

xǐhuan

045A

	주어	부사어	술어	목적어	어기조사	
① 기본형	我 Wǒ		喜欢 xǐhuan	红色。 hóngsè.		▶ 나는 빨간색을 좋아한다.
② 부정하기	我 Wǒ	不 bù	喜欢 xǐhuan	红色。 hóngsè.		▶ 나는 빨간색을 좋아하지 않는다.
③ 물어보기	你 Nǐ		喜欢 xǐhuan	红色 hóngsè	吗? ma?	▶ 너는 빨간색을 좋아하니?
④ 정반의문	你 Nǐ		喜不喜欢 xǐ bu xǐhuan	红色? hóngsè?		▶ 너는 빨간색을 좋아하니, 안 좋아하니?
⑤ 의문대사	你 Nǐ	为什么 wèishénme	喜欢 xǐhuan	红色? hóngsè?		▶ 너는 빨간색을 왜 좋아하니?

★목적어 红色를 아래 단어로 바꾸어 연습해 보세요. 045 B

红色 hóngsè 빨간색 ▶ 防弹少年团 Fángdàn shàoniántuán 방탄소년단 | 玫瑰 méigui 장미

복습하기

단어와 문장을
떠올려보세요.

1. 기본형 我 ______ 红色。 Wǒ ______ hóngsè.

2. 부정하기 我不 ______ 红色。 Wǒ ____ ______ hóngsè.

3. 물어보기 你 ______ 红色吗？ Nǐ ______ hóngsè ____?

4. 정반의문 你 ____ 不 ______ 红色？ Nǐ ____ ______ hóngsè?

5. 의문대사 你为什么 ______ 红色？ Nǐ ______ ______ hóngsè?

체크하기

단어와 문장을
확인해보세요.

045 C

- ☑ 나는 방탄소년단을 좋아한다. — □ 我喜欢防弹少年团。 Wǒ xǐhuan Fángdàn shàoniántuán.
- □ 나는 방탄소년단을 좋아하지 않는다. — □ 我不喜欢防弹少年团。 Wǒ bù xǐhuan Fángdàn shàoniántuán.
- □ 너는 방탄소년단을 좋아하니? — □ 你喜欢防弹少年团吗？ Nǐ xǐhuan Fángdàn shàoniántuán ma?
- □ 너는 방탄소년단을 좋아하니, 안 좋아하니? — □ 你喜不喜欢防弹少年团？ Nǐ xǐ bu xǐhuan Fángdàn shàoniántuán?
- □ 너는 방탄소년단을 왜 좋아하니? — □ 你为什么喜欢防弹少年团？ Nǐ wèishéme xǐhuān Fángdàn shàoniántuán?

- □ 나는 장미를 좋아한다. — □ 我喜欢玫瑰。 Wǒ xǐhuan méigui.
- □ 나는 장미를 좋아하지 않는다. — □ 我不喜欢玫瑰。 Wǒ bù xǐhuan méigui.
- □ 너는 장미를 좋아하니? — □ 你喜欢玫瑰吗？ Nǐ xǐhuan méigui ma?
- □ 너는 장미를 좋아하니, 안 좋아하니? — □ 你喜不喜欢玫瑰？ Nǐ xǐ bu xǐhuan méigui?
- □ 너는 장미를 왜 좋아하니? — □ 你为什么喜欢玫瑰？ Nǐ wèishéme xǐhuan méigui?

배운 것을 연습해 보아요!

1. 아래 문장의 빈칸에 들어갈 알맞은 단어를 보기에서 골라보세요.

보기 **是　　在　　有**

❶ 我没 ____ 钱包。　❷ 我不 ____ 办公室。　❸ 她不 ____ 我妻子。

2. 아래 단어를 어순에 맞게 나열해보세요.

❶ 是 / 他 / 大夫 / 不

▶ ______________________________

❷ 在 / 爸爸 / 中国 / 吗 / 不

▶ ______________________________

❸ 笔记本 / 我 / 有 / 电脑 / 没

▶ ______________________________

3. 다음 문장의 틀린 부분을 바르게 고쳐보세요.

❶ 我不有手机。 나는 휴대전화가 없다. ▶ ____________

❷ 这是不是西瓜吗? 이것은 수박이니? ▶ ____________

❸ 公司在不在首尔吗? 회사는 서울에 있니, 없니? ▶ ____________

❹ 我打算不去游泳。 나는 수영하러 갈 계획이 없다. ▶ ____________

❺ 我喜欢红色不。 나는 빨간색을 좋아하지 않는다. ▶ ____________

4. 아래 문장의 빈칸에 들어갈 알맞은 단어를 보기에서 골라보세요.

보기 **哪儿　什么时候　什么　谁　为什么**

❶ 你是 __________ ? 너는 누구니?

❷ 你在 __________ ? 너는 어디에 있니?

❸ 你有 __________ ? 너는 무엇을 가지고 있니?

❹ 你打算 __________ 去? 너는 언제 갈 계획이니?

❺ 你 __________ 喜欢玫瑰? 너는 장미를 왜 좋아하니?

선생님의 노트!

❶ 동사 是

'…이다' 라는 뜻의 동격 동사 是는 보통 'A 是 B' 구문으로, A가 사람이면 B도 사람, A가 사물이면 B도 사물이 되어야 해요. 부정은 不是로, '…이 아니다' 라는 의미이다.

긍정 她是我妻子。 Tā shì wǒ qīzi. 그녀는 나의 부인이다.

부정 她不是我妻子。 Tā bú shì wǒ qīzi. 그녀는 나의 부인이 아니다.

❷ 동사 在

'…에 있다' 라는 뜻의 在는 '사람/사물이 …(장소)에 있다'라는 의미로, 부정은 不在 '…에 없다' 라는 의미이다.

긍정 我在办公室。 Wǒ zài bàngōngshì. 나는 사무실에 있다.

부정 我不在办公室。 Wǒ bú zài bàngōngshì. 나는 사무실에 없다.

❸ 동사 有

'…이 있다' 라는 뜻의 존재동사 有는 '장소에 (사람/사물)이 있다' 라는 의미로, 부정은 没有 '…이 없다' 라는 의미이다.

긍정 我有钱包。 Wǒ yǒu qiánbāo. 나는 지갑이 있다.

부정 我没有钱包。 Wǒ méiyǒu qiánbāo. 나는 지갑이 없다.

❹ 동사 打算/喜欢

동사 打算과 喜欢은, 목적어 자리에 동사나 동사구가 올 수 있다.

대명사	동사	동사
我	打算	搬家。
주어	술어	목적어

대명사	동사	동사구
我	喜欢	去旅游。
주어	술어	목적어

❺ 의문대사

육하원칙의 '누가, 언제, 어디서, 무엇을, 어떻게, 왜'에 해당하는 단어로, 문장에 의문대사가 있으면 吗 없이도 의문문이 된다.

谁 shéi 누구	什么时候 shénme shíhòu 언제	哪儿 / 哪里 nǎr / nǎlǐ 어디
什么 shénme 무엇	怎么 zěnme 어떻게	怎么样 zěnmeyàng 어떻습니까
为什么 wèishénme 왜		

MEMO

동사
046 ~ 050

"동사 구문"을 활용한 문장!
"나는 음악 듣고 있는 중이야!"

미리보기

正在……(呢)	一边……一边	……一下
zhèngzài…(ne) …하고 있는 중이다	yìbiān…yìbiān …하면서 …하다	yíxià 한번 …하다

已经……了	快要……了
yǐjīng…le 이미 …했다	kuàiyào…le 곧 …하다

046 正在……(呢) …하고 있는 중이다

zhèngzài (ne)

046A

주어	부사어	술어	목적어	어기조사	
① 我 Wǒ	正在 zhèngzài	看 kàn	电影 diànyǐng	呢。 ne.	나는 영화를 보고 있는 중이다.
② 我 Wǒ	正在 zhèngzài	吃 chī	炸酱面 zhájiàngmiàn	呢。 ne.	나는 짜장면을 먹고 있는 중이다.
③ 我 Wǒ	正在 zhèngzài	做 zuò	作业 zuòyè	呢。 ne.	나는 숙제를 하고 있는 중이다.
④ 我 Wǒ	正在 zhèngzài	听 tīng	歌 gē	呢。 ne.	나는 음악을 듣고 있는 중이다.
⑤ 我 Wǒ	正在 zhèngzài	喝 hē	咖啡 kāfēi	呢。 ne.	나는 커피를 마시고 있는 중이다.

선생님의 노트!

正在는 '…하는 중이다' 라는 의미로, 현재진행을 나타내는 부사이며, 술어 앞에 배치해요.
正在 는 보통 문장 끝에 진행을 나타내는 어기조사 呢와 함께 正在……呢로 표현할 수 있으며,
이때 呢는 생략할 수 있어요.

047A

047 一边 A 一边 B A 하면서 B 하다

yìbiān yìbiān

주어	부사어1	술어1	목적어1	부사어2	술어2	목적어2
① 我	一边	吃	饭，	一边	看	电视。
Wǒ	yìbiān	chī	fàn,	yìbiān	kàn	diànshì.

▶ 나는 밥을 먹으면서 텔레비전을 본다.

② 我	一边	听	歌，	一边	做	作业。
Wǒ	yìbiān	tīng	gē,	yìbiān	zuò	zuòyè.

▶ 나는 노래를 들으면서 숙제를 한다.

③ 我们	一边	唱	歌，	一边	跳舞。
Wǒmen	yìbiān	chàng	gē,	yìbiān	tiàowǔ.

▶ 우리는 노래를 부르면서 춤을 춘다.

④ 我们	一边	聊	天，	一边	喝	咖啡。
Wǒmen	yìbiān	liáo	tiān	yìbiān	hē	kāfēi.

▶ 우리는 이야기를 하면서 커피를 마신다.

⑤ 我们	一边	做	菜，	一边	听	歌。
Wǒmen	yìbiān	zuò	cài,	yìbiān	tīng	gē.

▶ 우리는 요리를 하면서 노래를 듣는다.

선생님의 노트!

'一边+A+ 一边+B'는 A와 B의 동시 동작을 설명하는 구문이에요. 두 가지 동작을 동시에 행할 때 쓸 수 있는 유용한 구문이니, 잘 익혀서 사용해 보세요.

048 ……一下 한번 …하다
yíxià

048A

주어 술어 보어

① 你 看 一下。
Nǐ kàn yíxià.
▸ 네가 한번 봐봐.

② 你 听 一下。
Nǐ tīng yíxià.
▸ 네가 한번 들어봐.

③ 你 尝 一下。
Nǐ cháng yíxià.
▸ 네가 한번 맛봐.

④ 你们 商量 一下。
Nǐmen shāngliang yíxià.
▸ 너희들이 한번 상의해봐.

⑤ 你们 检查 一下。
Nǐmen jiǎnchá yíxià.
▸ 너희들이 한번 검사해봐.

선생님의 노트!

一下는 '한번…하다', '좀…하다' 라는 뜻으로 동사 뒤에서 술어를 보충 설명하는 보어로 정도를 약하게 해주는 역할을 해요.

049 已经……了 이미 …했다

yǐjīng le

049A

주어 | 부사어 | 술어 | 목적어 | 어기조사

① 他 已经 吃 完 了。
Tā yǐjīng chī wán le.
▶ 그는 이미 다 먹었다.
동사 完은 '끝나다' 라는 의미로, 동사 술어 뒤에서 술어를 보충 설명해 주는 '결과보어'의 역할을 해요. 술어의 행위를 다 끝냈다는 의미를 가져요.

② 他 已经 看 完 了。
Tā yǐjīng kàn wán le.
▶ 그는 이미 다 봤다.

③ 他 已经 说 完 了。
Tā yǐjīng shuō wán le.
▶ 그는 이미 다 말했다.

④ 他 已经 做 完 了。
Tā yǐjīng zuò wán le.
▶ 그는 이미 다 했다.

⑤ 他 已经 走 了。
Tā yǐjīng zǒu le.
▶ 그는 이미 갔다.

선생님의 노트!

已经은 '이미', '벌써' 라는 부사로, 앞에 있는 술어의 완료를 꾸며줘요. 문장 끝에 어기조사 了를 써 '이미…했다' 라는 의미를 가져요. 술어 뒤에 동사 完은 술어의 행위가 이미 끝났음을 보충 설명해 주는 결과보어라는 것도 알아두세요.

예문 吃了。먹었다. / 吃完了。다 먹었다. / 已经吃完了。이미 다 먹었다.

050A

050 快要……了 곧 …하다

kuàiyào le

주어	부사어	술어	어기조사	
① 我 Wǒ	快要 kuàiyào	上课 shàngkè	了。 le.	나는 곧 수업한다.
② 我 Wǒ	快要 kuàiyào	放假 fàngjià	了。 le.	나는 곧 방학한다.
③ 我 Wǒ	快要 kuàiyào	开学 kāixué	了。 le.	나는 곧 개학한다.
④ 我 Wǒ	快要 kuàiyào	回国 huíguó	了。 le.	나는 곧 귀국한다.
⑤ 我 Wǒ	快要 kuàiyào	搬家 bānjiā	了。 le.	나는 곧 이사한다.

선생님의 노트!

'快要……了' 구문이에요. 앞으로 곧 일어날 미래의 일을 설명할 때, '곧…하다' 라는 의미로 쓰여요. 과거에는 쓸 수 없으며, 동의어로, '快……了' / '要……了' 도 사용할 수 있으니 알아두세요.

형용사

051 ~ 055

부사 "特别"를 활용한 문장!
"마라탕은 특히 맵구나!"

미리보기

好吃	新鲜	甜	咸	辣
hǎochī	xīnxiān	tián	xián	là
맛있다	신선하다	달다	짜다	맵다

051

好吃 맛있다

hǎochī

051A

주어 | 부사어 | 술어 | 어기조사

① 기본형 火锅 很 好吃。
Huǒguō hěn hǎochī.

▶ 훠궈는 매우 맛있다.
很은 '매우'라는 부사로 형용사 앞에 습관적으로 붙여 써요.

② 부정하기 火锅 不 好吃。
Huǒguō bù hǎochī.

▶ 훠궈는 맛없다.

③ 물어보기 火锅 好吃 吗?
Huǒguō hǎochī ma?

▶ 훠궈는 맛있니?

④ 정반의문 火锅 好不好吃?
Huǒguō hǎo bu hǎochī?

▶ 훠궈는 맛있니, 맛없니?
2음절 형용사의 정반의문문은 앞 음절 하나만 반복하여 나타내요.
好吃不好吃(x) → 好不好吃(o)

⑤ 정도부사 火锅 特别 好吃。
Huǒguō tèbié hǎochī.

▶ 훠궈는 특히 맛있다.
特别는 '특히나', '매우'라는 뜻으로, 형용사 술어의 의미를 강조하는 정도부사예요.

★주어 火锅를 아래 단어로 바꾸어 연습해 보세요. 051B

火锅 huǒguō 훠궈 ▶ 泡菜汤 pàocàitāng 김치찌개 | 寿司 shòusī 초밥

복습하기

1. 기본형 火锅很 。 Huǒguō hěn ______.
2. 부정하기 火锅不 。 Huǒguō ____ ______.
3. 물어보기 火锅 吗? Huǒguō ______ ____?
4. 정반의문 火锅 ? Huǒguō ____________?
5. 정도부사 火锅特别 。 Huǒguō _____ ______.

체크하기

051C

- ☑ 김치찌개는 매우 맛있다.
- ☐ 泡菜汤很好吃。 Pàocàitāng hěn hǎochī.
- ☐ 김치찌개는 맛없다.
- ☐ 泡菜汤不好吃。 Pàocàitāng bù hǎochī.
- ☐ 김치찌개는 맛있니?
- ☐ 泡菜汤好吃吗? Pàocàitāng hǎochī ma?
- ☐ 김치찌개는 맛있니, 맛없니?
- ☐ 泡菜汤好不好吃? Pàocàitāng hǎo bu hǎochī?
- ☐ 김치찌개는 특히 맛있다.
- ☐ 泡菜汤特别好吃。 Pàocàitāng tèbié hǎochī.

- ☐ 초밥은 매우 맛있다.
- ☐ 寿司很好吃。 Shòusī hěn hǎochī.
- ☐ 초밥은 맛없다.
- ☐ 寿司不好吃。 Shòusī bù hǎochī.
- ☐ 초밥은 맛있니?
- ☐ 寿司好吃吗? Shòusī hǎochī ma?
- ☐ 초밥은 맛있니, 맛없니?
- ☐ 寿司好不好吃? Shòusī hǎo bu hǎochī?
- ☐ 초밥은 특히 맛있다.
- ☐ 寿司特别好吃。 Shòusī tèbié hǎochī.

052 新鲜 신선하다

xīnxiān

052A

관형어 / 주어 / 부사어 / 술어 / 어기조사

① 기본형 这些 寿司 很 新鲜。
Zhèxiē shòusī hěn xīnxiān.
▶ 이 초밥(들)은 매우 신선하다.
这 zhè는 단수로 '이것'을 의미하며, 这些 zhèxiē는 복수로 두 개 이상의 '이것들'을 의미해요.

② 부정하기 这些 寿司 不 新鲜。
Zhèxiē shòusī bù xīnxiān.
▶ 이 초밥(들)은 신선하지 않다.

③ 물어보기 这些 寿司 新鲜 吗?
Zhèxiē shòusī xīnxiān ma?
▶ 이 초밥(들)은 신선하니?

④ 정반의문 这些 寿司 新不新鲜?
Zhèxiē shòusī xīn bu xīnxiān?
▶ 이 초밥(들)은 신선하니, 신선하지 않니?

⑤ 정도부사 这些 寿司 特别 新鲜。
Zhèxiē shòusī tèbié xīnxiān.
▶ 이 초밥(들)은 특히 신선하다.

★주어 寿司를 아래 단어로 바꾸어 연습해 보세요. 052B

寿司 shòusī 초밥 ▶ 生鱼片 shēngyúpiàn 생선회 | 海鲜 hǎixiān 해산물

복습하기

단어와 문장을 떠올려보세요.

1. 기본형 这些寿司很　　　。 Zhèxiē shòusī hěn ______.
2. 부정하기 这些寿司不　　　。 Zhèxiē shòusī ___ ______.
3. 물어보기 这些寿司　　　吗？ Zhèxiē shòusī ______ _____?
4. 정반의문 这些寿司　　　？ Zhèxiē shòusī ______________?
5. 정도부사 这些寿司特别　　　。 Zhèxiē shòusī ______ xīnxiān.

체크하기

052 C

단어와 문장을 확인해보세요.

☑ 이 생선회(들)는 매우 신선하다. □ 这些生鱼片很新鲜。
Zhèxiē shēngyúpiàn hěn xīnxiān.

□ 이 생선회(들)는 신선하지 않다. □ 这些生鱼片不新鲜。
Zhèxiē shēngyúpiàn bù xīnxiān.

□ 이 생선회(들)는 신선하니? □ 这些生鱼片新鲜吗？
Zhèxiē shēngyúpiàn xīnxiān ma?

□ 이 생선회(들)는 신선하니, 신선하지 않니? □ 这些生鱼片新不新鲜？
Zhèxiē shēngyúpiàn xīn bu xīnxiān?

□ 이 생선회(들)는 특히 신선하다. □ 这些生鱼片特别新鲜。
Zhèxiē shēngyúpiàn tèbié xīnxiān.

□ 이 해산물(들)은 신선하다. □ 这些海鲜很新鲜。
Zhèxiē hǎixiān hěn xīnxiān.

□ 이 해산물(들)은 신선하지 않다. □ 这些海鲜不新鲜。
Zhèxiē hǎixiān bù xīnxiān.

□ 이 해산물(들)은 신선하니? □ 这些海鲜新鲜吗？
Zhèxiē hǎixiān xīnxiān ma?

□ 이 해산물(들)은 신선하니, 신선하지 않니? □ 这些海鲜新不新鲜？
Zhèxiē hǎixiān xīn bu xīnxiān?

□ 이 해산물(들)은 특히 신선하다. □ 这些海鲜特别新鲜。
Zhèxiē hǎixiān tèbié xīnxiān.

053

甜 달다

tián

053A

관형어 주어 부사어 술어 어기조사

① 기본형 这块 蛋糕 很 甜。
Zhè kuài dàngāo hěn tián.
▶ 이 케이크는 매우 달다.
块 kuài는 조각 • 덩어리를 세는 양사예요.

② 부정하기 这块 蛋糕 不 甜。
Zhè kuài dàngāo bù tián.
▶ 이 케이크는 달지 않다.

③ 물어보기 这块 蛋糕 甜 吗?
Zhè kuài dàngāo tián ma?
▶ 이 케이크는 달아?

④ 정반의문 这块 蛋糕 甜不甜?
Zhè kuài dàngāo tián bu tián?
▶ 이 케이크는 달아, 안 달아?

⑤ 정도부사 这块 蛋糕 特别 甜。
Zhè kuài dàngāo tèbié tián.
▶ 이 케이크는 특히 달다.

★주어 蛋糕를 아래 단어로 바꾸어 연습해 보세요. 053B

蛋糕 dàngāo 케이크 ▶ 冰淇淋 bīngqílín 아이스크림 饼干 bǐnggān 과자

복습하기

단어와 문장을
떠올려보세요.

1. 기본형 这块蛋糕很____。 Zhè kuài dàngāo hěn ____.
2. 부정하기 这块蛋糕不____。 Zhè kuài dàngāo ____ ____.
3. 물어보기 这块蛋糕____吗？ Zhè kuài dàngāo ____ ____?
4. 정반의문 这块蛋糕____？ Zhè kuài dàngāo ____?
5. 정도부사 这块蛋糕特别____。 Zhè kuài dàngāo ____ ____.

체크하기

053 C

단어와 문장을
확인해보세요.

☑ 이 아이스크림은 매우 달다.	□ 这块冰淇淋很甜。 Zhè kuài bīngqílín hěn tián.
□ 이 아이스크림은 달지 않다.	□ 这块冰淇淋不甜。 Zhè kuài bīngqílín bù tián.
□ 이 아이스크림은 달아?	□ 这块冰淇淋甜吗？ Zhè kuài bīngqílín tián ma?
□ 이 아이스크림은 달아, 안 달아?	□ 这块冰淇淋甜不甜？ Zhè kuài bīngqílín tián bu tián?
□ 이 아이스크림은 특히 달다.	□ 这块冰淇淋特别甜。 Zhè kuài bīngqílín tèbié tián.
□ 이 과자는 매우 달다.	□ 这块饼干很甜。 Zhè kuài bǐnggān hěn tián.
□ 이 과자는 달지 않다.	□ 这块饼干不甜。 Zhè kuài bǐnggān bù tián.
□ 이 과자는 달아?	□ 这块饼干甜吗？ Zhè kuài bǐnggān tián ma?
□ 이 과자는 달아, 안 달아?	□ 这块饼干甜不甜？ Zhè kuài bǐnggān tián bu tián?
□ 이 과자는 특히 달다.	□ 这块饼干特别甜。 Zhè kuài bǐnggān tèbié tián.

054A

054 咸 짜다

xián

관형어 | 주어 | 부사어 | 술어 | 어기조사

① 기본형

这道 菜 很 咸。

Zhè dào cài hěn xián.

▶ 이 요리는 매우 짜다.

道 dào는 요리를 세는 양사예요.

② 부정하기

这道 菜 不 咸。

Zhè dào cài bù xián.

▶ 이 요리는 짜지 않다.

③ 물어보기

这道 菜 咸 吗?

Zhè dào cài xián ma?

▶ 이 요리는 짜니?

④ 정반의문

这道 菜 咸不咸?

Zhè dào cài xián bu xián?

▶ 이 요리는 짜니, 안 짜니?

⑤ 정도부사

这道 菜 特别 咸。

Zhè dào cài tèbié xián.

▶ 이 요리는 특히 짜다.

★주어 菜를 아래 단어로 바꾸어 연습해 보세요. 054 B

菜 cài 요리 ▶ 大酱汤 dàjiàngtāng 된장찌개 | 泡菜汤 pàocàitāng 김치찌개

복습하기

단어와 문장을 떠올려보세요.

1. 기본형 **这道菜很** 。 Zhè dào cài hěn _____.

2. 부정하기 **这道菜不** 。 Zhè dào cài ____ ____.

3. 물어보기 **这道菜** **吗?** Zhè dào cài _____ _____?

4. 정반의문 **这道菜** **?** Zhè dào cài _____?

5. 정도부사 **这道菜特别** 。 Zhè dào cài _____ _____.

체크하기

🎧 054 C

단어와 문장을 확인해보세요.

☑ 이 된장찌개는 매우 짜다.	☐ **这道大酱汤很咸。** Zhè dào dàjiàngtāng hěn xián.
☐ 이 된장찌개는 짜지 않다.	☐ **这道大酱汤不咸。** Zhè dào dàjiàngtāng bù xián.
☐ 이 된장찌개는 짜니?	☐ **这道大酱汤咸吗?** Zhè dào dàjiàngtāng xián ma?
☐ 이 된장찌개는 짜니, 안 짜니?	☐ **这道大酱汤咸不咸?** Zhè dào dàjiàngtāng xián bu xián?
☐ 이 된장찌개는 특히 짜다.	☐ **这道大酱汤特别咸。** Zhè dào dàjiàngtāng tèbié xián.

☐ 이 김치찌개는 짜다.	☐ **这道泡菜汤很咸。** Zhè dào pàocàitāng hěn xián.
☐ 이 김치찌개는 짜지 않다.	☐ **这道泡菜汤不咸。** Zhè dào pàocàitāng bù xián.
☐ 이 김치찌개는 짜니?	☐ **这道泡菜汤咸吗?** Zhè dào pàocàitāng xián ma?
☐ 이 김치찌개는 짜니, 안 짜니?	☐ **这道泡菜汤咸不咸?** Zhè dào pàocàitāng xián bu xián?
☐ 이 김치찌개는 특히 짜다.	☐ **这道泡菜汤特别咸。** Zhè dào pàocàitāng tèbié xián.

055

辣 맵다
là

주어 / 부사어 / 술어 / 어기조사

① 기본형 麻辣烫 很 辣。 ▸ 마라탕은 매우 맵다.
Málàtàng hěn là.

② 부정하기 麻辣烫 不 辣。 ▸ 마라탕은 맵지 않다.
Málàtàng bú là.

③ 물어보기 麻辣烫 辣 吗? ▸ 마라탕은 맵니?
Málàtàng là ma?

④ 정반의문 麻辣烫 辣不辣? ▸ 마라탕은 맵니, 안 맵니?
Málàtàng là bu là?

⑤ 정도부사 麻辣烫 特别 辣。 ▸ 마라탕은 특히 맵다.
Málàtàng tèbié là.

★주어 麻辣烫를 아래 단어로 바꾸어 연습해 보세요. 055B

麻辣烫 málàtàng 마라탕 ▶ 泡菜 pàocài 김치 | 四川菜 sìchuāncài 사천음식

복습하기

단어와 문장을 떠올려보세요.
?

1. 기본형 麻辣烫很 ____ 。 Málàtàng hěn ____.
2. 부정하기 麻辣烫不 ____ 。 Málàtàng ____ ____.
3. 물어보기 麻辣烫 ____ 吗? Málàtàng ____ ____?
4. 정반의문 麻辣烫 ________ ? Málàtàng ________?
5. 정도부사 麻辣烫特别 ____ 。 Málàtàng ____ ____.

체크하기

단어와 문장을 확인해보세요.

055 C

☑ 김치는 매우 맵다. | ☐ 泡菜很辣。 Pàocài hěn là.

☐ 김치는 맵지 않다. | ☐ 泡菜不辣。 Pàocài bú là.

☐ 김치는 맵니? | ☐ 泡菜辣吗? Pàocài là ma?

☐ 김치는 맵니, 안 맵니? | ☐ 泡菜辣不辣? Pàocài là bu là?

☐ 김치는 특히 맵다. | ☐ 泡菜特别辣。 Pàocài tèbié là.

☐ 사천음식은 맵다. | ☐ 四川菜很辣。 Sìchuān cài hěn là.

☐ 사천음식은 맵지 않다. | ☐ 四川菜不辣。 Sìchuān cài bú là.

☐ 사천음식은 맵니? | ☐ 四川菜辣吗? Sìchuān cài là ma?

☐ 사천음식은 맵니, 안 맵니? | ☐ 四川菜辣不辣? Sìchuān cài là bu là?

☐ 사천음식은 너무 맵다. | ☐ 四川菜特别辣。 Sìchuān cài tèbié là.

배운 것을 연습해 보아요!

1. 아래 단어의 한자와 한어병음을 적어보세요.

	뜻	한자	한어병음
❶	맛있다		
❷	신선하다		
❸	달다		
❹	짜다		
❺	맵다		

2. 다음 문장의 틀린 부분을 바르게 고쳐보세요.

❶ 火锅好不好吃吗? 훠궈는 맛있니, 맛없니? ▶ ______

❷ 海鲜这些特别新鲜。 이 해산물(들)은 특히 신선하다. ▶ ______

❸ 这蛋糕块特别甜。 이 케이크는 특히 달다. ▶ ______

❹ 这道大酱汤很咸不咸? 이 된장찌개는 짜니, 안 짜니? ▶ ______

❺ 麻辣烫很不辣。 마라탕은 매우 맵다. ▶ ______

3. 다음 문장의 한어병음과 뜻을 적어보세요.

❶ 寿司特别好吃。 ▶ ______

❷ 这些生鱼片很新鲜。 ▶ ______

❸ 这块饼干甜不甜? ▶ ______

❹ 这道泡菜汤特别咸。 ▶ ______

❺ 四川菜辣吗? ▶ ______

선생님의 노트!

❶ 정도부사 特别

정도부사 特别 는 '특히', '유달리' 라는 뜻으로, 형용사 앞에서 정도를 강조하는 부사어이다.

❷ 지시대사

단수	복수
这(个) zhè(ge) 이것	这些 zhèxiē 이것들
那(个) nà(ge) 저것	那些 nàxiē 저것들

❸ 양사의 종류

- 个 ge 사람이나 사물을 세는 단위

  예 这个人 Zhè ge rén 이 사람　　这个东西 Zhè ge dōngxi 이 물건

- 张 zhāng 종이 · 표 · 침대 · 책상 등 표면이 넓은 물건을 세는 단위

  예 这张票 Zhè zhāng piào 이 표　　这张桌子 Zhè zhāng zhuōzi 이 책상

- 本 běn 책을 세는 단위

  예 这本书 Zhè běn shū 이 책　　这本词典 Zhè běn cídiǎn 이 사전

- 件 jiàn 의복 · 사건(일)을 세는 단위

  예 这件衣服 Zhè jiàn yīfu 이 옷　　这件事 Zhè jiàn shì 이 일

- 条 tiáo 하의를 세는 단위, 가늘고 긴 것을 세는 단위

  예 这条裤子 Zhè tiáo kùzi 이 바지　　这条裙子 Zhè tiáo qúnzi 이 치마

  这条路 Zhè tiáo lù 이 길

- 块 kuài 덩어리나 조각을 세는 단위

  예 这块饼干 Zhè kuài bǐnggān 이 과자　　这块蛋糕 Zhè kuài dàngāo 이 케이크

- 杯 bēi 잔을 세는 단위

  예 这杯茶 Zhè bēi chá 이 차　　这杯咖啡 Zhè bēi kāfēi 이 커피

- 瓶 píng 병을 세는 단위

  예 这瓶啤酒 Zhè píng píjiǔ 이 맥주　　这瓶水 Zhè píng shuǐ 이 물

❹ 맛의 종류

甜 tián 달다　　苦 kǔ 쓰다　　咸 xián 짜다　　淡 dàn 싱겁다　　辣 là 맵다

MEMO

형용사
056 ~ 060

부사 "太……了"를 활용한 문장!
"엄마는 정말 말랐어!"

미리보기

高	可爱	漂亮	胖	瘦
gāo	kě'ài	piàoliang	pàng	shòu
높다, (키가) 크다	귀엽다	예쁘다	뚱뚱하다	마르다

056A

056 高 높다, (키가) 크다

gāo

	관형어	주어	부사어	술어	어기조사	
① 기본형	他 Tā	个子 gèzi	很 hěn	高。 gāo.		▸ 그의 키는 매우 크다.
② 부정하기	他 Tā	个子 gèzi	不 bù	高。 gāo.		▸ 그의 키는 크지 않다.
③ 물어보기	他 Tā	个子 gèzi		高 gāo	吗? ma?	▸ 그의 키는 크니?
④ 정반의문	他 Tā	个子 gèzi		高不高? gāo bu gāo?		▸ 그의 키는 크니, 안 크니?
⑤ 정도부사	他 Tā	个子 gèzi	太 tài	高 gāo	了。 le.	▸ 그의 키는 정말 크다. 太……了는 '너무…하다'는 의미로 주관적인 생각을 말할 때 강조하는 구문이에요.

★주어 他个子를 아래 단어로 바꾸어 연습해 보세요. 056 B

他个子 tā gèzi 그의 키 ▸ 那座山 nà zuò shān 저 산 | 汉语水平 hànyǔ shuǐpíng 중국어 수준

✚ 座는 산 · 건물 · 교량을 세는 양사이다.

복습하기

1. 기본형 他个子很 ___。 Tā gèzi hěn ____.
2. 부정하기 他个子不 ___。 Tā gèzi ___ ___.
3. 물어보기 他个子 ___ 吗? Tā gèzi ___ ___?
4. 정반의문 他个子 ___ ? Tā gèzi ___________?
5. 정도부사 他个子太 ___ 了。 Tā gèzi ___ ___ ___.

체크하기

056 C

- ☑ 저 산은 매우 높다.
- ☐ 那座山很高。
  Nà zuò shān hěn gāo.
- ☐ 저 산은 높지 않다.
- ☐ 那座山不高。
  Nà zuò shān bù gāo.
- ☐ 저 산은 높니?
- ☐ 那座山高吗?
  Nà zuò shān gāo ma?
- ☐ 저 산은 높니, 안 높니?
- ☐ 那座山高不高?
  Nà zuò shān gāo bu gāo?
- ☐ 저 산은 정말 높다.
- ☐ 那座山太高了。
  Nà zuò shān tài gāo le.

- ☐ 중국어 수준은 매우 높다.
- ☐ 汉语水平很高。
  Hànyǔ shuǐpíng hěn gāo.
- ☐ 중국어 수준은 높지 않다.
- ☐ 汉语水平不高。
  Hànyǔ shuǐpíng bù gāo.
- ☐ 중국어 수준은 높니?
- ☐ 汉语水平高吗?
  Hànyǔ shuǐpíng gāo ma?
- ☐ 중국어 수준은 높니, 안 높니?
- ☐ 汉语水平高不高?
  Hànyǔ shuǐpíng gāo bu gāo?
- ☐ 중국어 수준은 정말 높다.
- ☐ 汉语水平太高了。
  Hànyǔ shuǐpíng tài gāo le.

057

可爱 귀엽다

kě'ài

057A

관형어 / 주어 / 부사어 / 술어 / 어기조사

① 기본형 **他的 女儿 很 可爱。** Tā de nǚ'ér hěn kě'ài. ▸ 그의 딸은 매우 귀엽다.

② 부정하기 **他的 女儿 不 可爱。** Tā de nǚ'ér bù kě'ài. ▸ 그의 딸은 귀엽지 않다.

③ 물어보기 **他的 女儿 可爱 吗?** Tā de nǚ'ér kě'ài ma? ▸ 그의 딸은 귀엽니?

④ 정반의문 **他的 女儿 可不可爱?** Tā de nǚ'ér kě bu kě'ài? ▸ 그의 딸은 귀엽니, 안 귀엽니?

⑤ 정도부사 **他的 女儿 太 可爱 了。** Tā de nǚ'ér tài kě'ài le. ▸ 그의 딸은 정말 귀엽다.

★주어 他的女儿를 아래 단어로 바꾸어 연습해 보세요. 057 B

他的女儿 tā de nǚ'ér 그의 딸

▸ 这只小狗 zhè zhī xiǎogǒu 이 강아지 这只小猫 zhè zhī xiǎomāo 이 고양이

✚ 只 zhī은 '마리'라는 뜻으로 동물을 셀 때 사용하는 양사이다.

복습하기

단어와 문장을 떠올려보세요.

1. 기본형 他的女儿很____。 Tā de nǚ'ér hěn ____.
2. 부정하기 他的女儿不____。 Tā de nǚ'ér ____ ____.
3. 물어보기 他的女儿____吗? Tā de nǚ'ér ____ ____?
4. 정반의문 他的女儿____? Tā de nǚ'ér ____?
5. 정도부사 他的女儿太____了。 Tā de nǚ'ér ____ ____ ____.

체크하기

단어와 문장을 확인해보세요.

057 C

☑ 이 강아지는 매우 귀엽다.	□ 这只小狗很可爱。 Zhè zhī xiǎogǒu hěn kě'ài.
□ 이 강아지는 귀엽지 않다.	□ 这只小狗不可爱。 Zhè zhī xiǎogǒu bù kě'ài.
□ 이 강아지는 귀엽니?	□ 这只小狗可爱吗? Zhè zhī xiǎogǒu kě'ài ma?
□ 이 강아지는 귀엽니, 안 귀엽니?	□ 这只小狗可不可爱? Zhè zhī xiǎogǒu kě bu kě'ài?
□ 이 강아지는 정말 귀엽다.	□ 这只小狗太可爱了。 Zhè zhī xiǎogǒu tài kě'ài le.
□ 이 고양이는 매우 귀엽다.	□ 这只小猫很可爱。 Zhè zhī xiǎomāo hěn kě'ài.
□ 이 고양이는 귀엽지 않다.	□ 这只小猫不可爱。 Zhè zhī xiǎomāo bù kě'ài.
□ 이 고양이는 귀엽니?	□ 这只小猫可爱吗? Zhè zhī xiǎomāo kě'ài ma?
□ 이 고양이는 귀엽니, 안 귀엽니?	□ 这只小猫可不可爱? Zhè zhī xiǎomāo kě bu kě'ài?
□ 이 고양이는 정말 귀엽다.	□ 这只小猫太可爱了。 Zhè zhī xiǎomāo tài kě'ài le.

058

漂亮 예쁘다

piàoliang

주어 부사어 술어 어기조사

① 기본형 女朋友 很 漂亮。
Nǚpéngyou hěn piàoliang.
▶ 여자친구는 매우 예쁘다.

② 부정하기 女朋友 不 漂亮。
Nǚpéngyou bú piàoliang.
▶ 여자친구는 예쁘지 않다.

③ 물어보기 女朋友 漂亮 吗?
Nǚpéngyou piàoliang ma?
▶ 여자친구는 예쁘니?

④ 정반의문 女朋友 漂不漂亮?
Nǚpéngyou piào bu piàoliang?
▶ 여자친구는 예쁘니, 안 예쁘니?

⑤ 정도부사 女朋友 太 漂亮 了。
Nǚpéngyou tài piàoliang le.
▶ 여자친구는 정말 예쁘다.

★주어 女朋友를 아래 단어로 바꾸어 연습해 보세요. 058B

女朋友 nǚpéngyou 여자친구

▶ 他的女儿 tā de nǚ'ér 그의 딸 这枚戒指 zhè méi jièzhǐ 이 반지

✚ 枚 méi는 반지를 세는 단위로 주로 작고 둥글거나 납작한 것을 셀 때 사용한다.

복습하기

단어와 문장을
떠올려보세요.

1. 기본형 女朋友很 ____ 。 Nǚpéngyou ___ ______.
2. 부정하기 女朋友不 ____ 。 Nǚpéngyou ___ ______.
3. 물어보기 女朋友 ____ 吗？ Nǚpéngyou ______ ___?
4. 정반의문 女朋友 ____ ？ Nǚpéngyou ____________?
5. 정도부사 女朋友太 ____ 了。 Nǚpéngyou ___ ______ ___.

체크하기

058 C

단어와 문장을
확인해보세요.

☑ 그의 딸은 매우 예쁘다. ☐ 他的女儿很漂亮。
Tā de nǚ'ér hěn piàoliang.

☐ 그의 딸은 예쁘지 않다. ☐ 他的女儿不漂亮。
Tā de nǚ'ér bú piàoliang.

☐ 그의 딸은 예쁘니? ☐ 他的女儿漂亮吗?
Tā de nǚ'ér piàoliang ma?

☐ 그의 딸은 예쁘니, 안 예쁘니? ☐ 他的女儿漂不漂亮?
Tā de nǚ'ér piào bu piàoliang?

☐ 그의 딸은 정말 예쁘다. ☐ 他的女儿太漂亮了。
Tā de nǚ'ér tài piàoliang le.

☐ 이 반지는 매우 예쁘다. ☐ 这枚戒指很漂亮。
Zhè méi jièzhǐ hěn piàoliang.

☐ 이 반지는 예쁘지 않다. ☐ 这枚戒指不漂亮。
Zhè méi jièzhǐ bú piàoliang.

☐ 이 반지는 예쁘니? ☐ 这枚戒指漂亮吗?
Zhè méi jièzhǐ piàoliang ma?

☐ 이 반지는 예쁘니, 안 예쁘니? ☐ 这枚戒指漂不漂亮?
Zhè méi jièzhǐ piào bu piàoliang?

☐ 이 반지는 정말 예쁘다. ☐ 这枚戒指太漂亮了。
Zhè méi jièzhǐ tài piàoliang le.

059 胖 뚱뚱하다

pàng

059A

	주어	부사어	술어	어기조사	
① 기본형	爸爸 Bàba	很 hěn	胖。 pàng.		▸ 아빠는 매우 뚱뚱하다.
② 부정하기	爸爸 Bàba	不 bú	胖。 pàng.		▸ 아빠는 뚱뚱하지 않다.
③ 물어보기	爸爸 Bàba		胖 pàng	吗? ma?	▸ 아빠는 뚱뚱하니?
④ 정반의문	爸爸 Bàba		胖不胖? pàng bu pàng?		▸ 아빠는 뚱뚱하니, 안 뚱뚱하니?
⑤ 정도부사	爸爸 Bàba	太 tài	胖 pàng	了。 le.	▸ 아빠는 너무 뚱뚱하다.

★주어 爸爸를 아래 단어로 바꾸어 연습해 보세요. 059 B

爸爸 bàba 아빠 ▶ 爷爷 yéye 할아버지 | 奶奶 nǎinai 할머니

복습하기

단어와 문장을
떠올려보세요.

1. 기본형　爸爸很　　。 Bàba hěn _____.
2. 부정하기　爸爸不　　。 Bàba ____ _____.
3. 물어보기　爸爸　　吗? Bàba _____ ___?
4. 정반의문　爸爸　　　? Bàba ___________?
5. 정도부사　爸爸太　　了。 Bàba ____ _____ ____.

체크하기

단어와 문장을
확인해보세요.

059 C

☑ 할아버지는 매우 뚱뚱하다.　☐ 爷爷很胖。 Yéye hěn pàng.

☐ 할아버지는 뚱뚱하지 않다.　☐ 爷爷不胖。 Yéye bú pàng.

☐ 할아버지는 뚱뚱하니?　☐ 爷爷胖吗? Yéye pàng ma?

☐ 할아버지는 뚱뚱하니, 안 뚱뚱하니?　☐ 爷爷胖不胖? Yéye pàng bu pàng?

☐ 할아버지는 너무 뚱뚱하다.　☐ 爷爷太胖了。 Yéye tài pàng le.

☐ 할머니는 매우 뚱뚱하다.　☐ 奶奶很胖。 Nǎinai hěn pàng.

☐ 할머니는 뚱뚱하지 않다.　☐ 奶奶不胖。 Nǎinai bú pàng.

☐ 할머니는 뚱뚱하니?　☐ 奶奶胖吗? Nǎinai pàng ma?

☐ 할머니는 뚱뚱하니, 안 뚱뚱하니?　☐ 奶奶胖不胖? Nǎinai pàng bu pàng?

☐ 할머니는 너무 뚱뚱하다.　☐ 奶奶太胖了。 Nǎinai tài pàng le.

060

瘦 마르다

shòu

060A

	주어	부사어	술어	어기조사	
① 기본형	妈妈 Māma	很 hěn	瘦。 shòu.		▸ 엄마는 매우 말랐다.
② 부정하기	妈妈 Māma	不 bú	瘦。 shòu.		▸ 엄마는 마르지 않았다.
③ 물어보기	妈妈 Māma		瘦 shòu	吗? ma?	▸ 엄마는 말랐니?
④ 정반의문	妈妈 Māma	瘦不瘦? shòu bu shòu?			▸ 엄마는 말랐니, 안 말랐니?
⑤ 정도부사	妈妈 Māma	太 tài	瘦 shòu	了。 le.	▸ 엄마는 너무 말랐다.

★주어 妈妈를 아래 단어로 바꾸어 연습해 보세요. 060 B

妈妈 māma 엄마 ▸ 妹妹 mèimei 여동생 | 哥哥 gēge 오빠

복습하기

단어와 문장을 떠올려보세요.

1. 기본형 妈妈很 ____。 Māma hěn ____.
2. 부정하기 妈妈不 ____。 Māma ____ ____.
3. 물어보기 妈妈 ____ 吗? Māma ____ ____?
4. 정반의문 妈妈 ________? Māma ________?
5. 정도부사 妈妈太 ____ 了。 Māma ____ ____ ____.

체크하기

060 C

단어와 문장을 확인해보세요.

☑ 여동생은 매우 말랐다.	□ 妹妹很瘦。 Mèimei hěn shòu.
□ 여동생은 마르지 않았다.	□ 妹妹不瘦。 Mèimei bú shòu.
□ 여동생은 말랐니?	□ 妹妹瘦吗? Mèimei shòu ma?
□ 여동생은 말랐니, 안 말랐니?	□ 妹妹瘦不瘦? Mèimei shòu bu shòu?
□ 여동생은 너무 말랐다.	□ 妹妹太瘦了。 Mèimei tài shòu le.
□ 오빠는 매우 말랐다.	□ 哥哥很瘦。 Gēge hěn shòu.
□ 오빠는 마르지 않았다.	□ 哥哥不瘦。 Gēge bú shòu.
□ 오빠는 말랐니?	□ 哥哥瘦吗? Gēge shòu ma?
□ 오빠는 말랐니, 안 말랐니?	□ 哥哥瘦不瘦? Gēge shòu bu shòu?
□ 오빠는 너무 말랐다.	□ 哥哥太瘦了。 Gēge tài shòu le.

배운 것을 연습해 보아요!

1. 아래 단어의 한자와 한어병음을 적어보세요.

뜻	한자	한어병음
❶ 키가 크다		
❷ 귀엽다		
❸ 예쁘다		
❹ 뚱뚱하다		
❺ 마르다		

2. 다음 문장의 틀린 부분을 바르게 고쳐보세요.

❶ 他很高个子。 그의 키는 매우 크다. ▶ ____________________

❷ 这只小狗可爱太了。 이 강아지는 정말 귀엽다. ▶ ____________________

❸ 女朋友漂亮不吗？ 여자친구는 예쁘니? ▶ ____________________

❹ 爸爸不很胖。 아빠는 뚱뚱하지 않다. ▶ ____________________

❺ 妈妈很瘦。 엄마는 마르지 않았다. ▶ ____________________

3. 다음 문장의 한어병음과 뜻을 적어보세요.

❶ 那座山太高了。 ▶ ____________________

❷ 这只小猫不可爱。 ▶ ____________________

❸ 他的女儿漂不漂亮？ ▶ ____________________

❹ 爷爷胖吗？ ▶ ____________________

❺ 妹妹太瘦了。 ▶ ____________________

선생님의 노트!

❶ 정도부사 太

정도부사 太 는 '너무' 라는 뜻으로, 주관적인 생각을 말할 때, 문장 끝에 了와 함께 표현할 수 있다.

예문 你太漂亮了。Nǐ tài piàoliang le. 너는 정말 예뻐.

예문 你太瘦了。Nǐ tài piàoliang le. 너는 너무 말랐어.

❷ 가족 호칭 명사

爸爸 bàba 아빠	妈妈 māmā 엄마	哥哥 gēgē 형, 오빠
姐姐 jiějiě 누나, 언니	弟弟 dìdì 남동생	妹妹 mèimei 여동생
爷爷 yéyé 할아버지	奶奶 nǎinai 할머니	姥爷 lǎoyé 외할아버지
姥姥 lǎolao 외할머니	丈夫 zhàngfu 남편	妻子 qīzi 아내
夫妻 fūqī 부부	父母 fùmǔ 부모	孩子 háizi 아이
儿子 érzi 아들	女儿 nǚ'ér 딸	叔叔 shūshu 삼촌
姑姑 gūgu 고모	舅舅 jiùjiu 외삼촌	

❸ 양사 座

산, 건물, 교량 등을 세는 단위

예문 那座山很高。Nà zuò shān hěn gāo. 저 산은 매우 높다.

예문 那座大桥很长。Nà zuò dàqiáo hěn cháng. 저 대교는 매우 길다.

예문 那座大厦很豪华。Nà zuò dàshà hěn háohuá. 저 건물은 매우 호화롭다.

❹ 생김새 묘사 표현

高 gāo 키가 크다

반의어 矮 ǎi 키가 작다

漂亮 piàoliang = 好看 hǎokàn 예쁘다

반의어 丑 chǒu = 难看 nánkàn 못생겼다

胖 pàng 뚱뚱하다

반의어 瘦 shòu 마르다

MEMO

형용사
061 ~ 065

부사 "有点儿"을 활용한 문장!
"시험이 조금 어려워!"

미리보기

忙	累	困	饿	难
máng	lèi	kùn	è	nán
바쁘다	피곤하다	졸리다	배고프다	어렵다

061

忙 바쁘다

máng

061A

주어 / 부사어 / 술어 / 어기조사

① 기본형

我 很 忙。
Wǒ hěn máng.

▶ 나는 매우 바쁘다.

② 부정하기

我 不 忙。
Wǒ bù máng.

▶ 나는 바쁘지 않다.

③ 물어보기

你 忙 吗?
Nǐ máng ma?

▶ 너는 바쁘니?

④ 정반의문

你 忙不忙?
Nǐ máng bu máng?

▶ 너는 바쁘니, 안 바쁘니?

⑤ 정도부사

我 有点儿 忙。
Wǒ yǒudiǎnr máng.

▶ 나는 조금 바쁘다.

有点儿은 '조금 …하다'의 뜻으로, 뒤에 있는 형용사에 대한 부정적인 어기를 나타내요.

★주어 我를 아래 단어로 바꾸어 연습해 보세요. 061 B

我 wǒ 나 ▶ 工作 gōngzuò 업무, 일 学习 xuéxí 학업, 공부

복습하기

1. 기본형 我很 。 Wǒ hěn ______.
2. 부정하기 我不 。 Wǒ ______ ______.
3. 물어보기 你 吗? Nǐ máng ____?
4. 정반의문 你 ? Nǐ ______________?
5. 정도부사 我有点儿 。 Wǒ ________ ______.

체크하기

061C

- ☑ 업무가 매우 바쁘다. ☐ 工作很忙。 Gōngzuò hěn máng.
- ☐ 업무가 바쁘지 않다. ☐ 工作不忙。 Gōngzuò bù máng.
- ☐ 업무가 바쁘니? ☐ 工作忙吗? Gōngzuò máng ma?
- ☐ 업무가 바쁘니, 안 바쁘니? ☐ 工作忙不忙? Gōngzuò máng bu máng?
- ☐ 업무가 조금 바쁘다. ☐ 工作有点儿忙。 Gōngzuò yǒudiǎnr máng.

- ☐ 학업이 매우 바쁘다. ☐ 学习很忙。 Xuéxí hěn máng.
- ☐ 학업이 바쁘지 않다. ☐ 学习不忙。 Xuéxí bù máng.
- ☐ 학업이 바쁘니? ☐ 学习忙吗? Xuéxí máng ma?
- ☐ 학업이 바쁘니, 안 바쁘니? ☐ 学习忙不忙? Xuéxí máng bu máng?
- ☐ 학업이 조금 바쁘다. ☐ 学习有点儿忙。 Xuéxí yǒudiǎnr máng.

062A

062 累 피곤하다

lèi

	주어	부사어	술어	어기조사	
① 기본형	叔叔 Shūshu	很 hěn	累。 lèi.		삼촌은 매우 피곤하다.
② 부정하기	叔叔 Shūshu	不 bú	累。 lèi.		삼촌은 피곤하지 않다.
③ 물어보기	叔叔 Shūshu		累 lèi	吗? ma?	삼촌은 피곤하니?
④ 정반의문	叔叔 Shūshu		累不累? lèi bu lèi?		삼촌은 피곤하니, 안 피곤하니?
⑤ 정도부사	叔叔 Shūshu	有点儿 yǒudiǎnr	累。 lèi.		삼촌은 조금 피곤하다.

★주어 叔叔를 아래 단어로 바꾸어 연습해 보세요. 062 B

叔叔 shūshu 삼촌 ▶ 孩子 háizi 아이 | 舅舅 jiùjiu 외삼촌

복습하기

단어와 문장을 떠올려보세요.

1. 기본형 叔叔很 ____。 Shūshu hěn ____.
2. 부정하기 叔叔不 ____。 Shūshu ____ ____.
3. 물어보기 叔叔 ____ 吗? Shūshu ____ ____?
4. 정반의문 叔叔 ____? Shūshu ____?
5. 정도부사 叔叔有点儿 ____。 Shūshu ____ ____.

체크하기

단어와 문장을 확인해보세요.

062 C

☑ 아이는 매우 피곤하다.	□ 孩子很累。 Háizi hěn lèi.
□ 아이는 피곤하지 않다.	□ 孩子不累。 Háizi bú lèi.
□ 아이는 피곤하니?	□ 孩子累吗? Háizi lèi ma?
□ 아이는 피곤하니, 안 피곤하니?	□ 孩子累不累? Háizi lèi bu lèi?
□ 아이는 조금 피곤하다.	□ 孩子有点儿累。 Háizi yǒudiǎnr lèi.

□ 외삼촌은 매우 피곤하다.	□ 舅舅很累。 Jiùjiu hěn lèi.
□ 외삼촌은 피곤하지 않다.	□ 舅舅不累。 Jiùjiu bú lèi.
□ 외삼촌은 피곤하니?	□ 舅舅累吗? Jiùjiu lèi ma?
□ 외삼촌은 피곤하니, 안 피곤하니?	□ 舅舅累不累? Jiùjiu lèi bu lèi?
□ 외삼촌은 조금 피곤하다.	□ 舅舅有点儿累。 Jiùjiu yǒudiǎnr lèi.

063A

063 困 졸리다

kùn

주어 / 부사어 / 술어 / 어기조사

① 기본형

他 很 困。
Tā hěn kùn.

▸ 그는 매우 졸리다.

② 부정하기

他 不 困。
Tā bù kùn.

▸ 그는 졸리지 않다.

③ 물어보기

他 困 吗?
Tā kùn ma?

▸ 그는 졸려하니?

④ 정반의문

他 困不困?
Tā kùn bu kùn?

▸ 그는 졸리니, 안 졸리니?

⑤ 정도부사

他 有点儿 困。
Tā yǒudiǎnr kùn.

▸ 그는 조금 졸리다.

★주어 他를 아래 단어로 바꾸어 연습해 보세요. 063 B

他 tā 그 ▸ 爷爷 yéye 할아버지 | 奶奶 nǎinai 할머니

복습하기

단어와 문장을 떠올려보세요.

1. 기본형 他很 。 Tā hěn ____.
2. 부정하기 他不 。 Tā ____ ____.
3. 물어보기 他 吗? Tā ____ ____?
4. 정반의문 他 ? Tā ____________?
5. 정도부사 他有点儿 。 Tā ______ ____.

체크하기

063 C

단어와 문장을 확인해보세요.

☑ 할아버지는 매우 졸리다.	☐ 爷爷很困。 Yéye hěn kùn.
☐ 할아버지는 졸리지 않다.	☐ 爷爷不困。 Yéye bú kùn.
☐ 할아버지, 졸리세요?	☐ 爷爷困吗? Yéye kùn ma?
☐ 할아버지, 졸리세요, 안 졸리세요?	☐ 爷爷困不困? Yéye kùn bu kùn?
☐ 할아버지는 조금 졸리다.	☐ 爷爷有点儿困。 Yéye yǒudiǎnr kùn.
☐ 할머니는 매우 졸리다.	☐ 奶奶很困。 Nǎinai hěn kùn.
☐ 할머니는 졸리지 않다.	☐ 奶奶不困。 Nǎinai bú kùn.
☐ 할머니, 졸리세요?	☐ 奶奶困吗? Nǎinai kùn ma?
☐ 할머니, 졸리세요, 안 졸리세요?	☐ 奶奶困不困? Nǎinai kùn bu kùn?
☐ 할머니는 조금 졸리다.	☐ 奶奶有点儿困。 Nǎinai yǒudiǎnr kùn.

064A

064 饿 배고프다

è

	주어	부사어	술어	어기조사	
① 기본형	儿子 Érzi	很 hěn	饿。 è.		▸ 아들은 매우 배고프다.
② 부정하기	儿子 Érzi	不 bú	饿。 è.		▸ 아들은 배고프지 않다.
③ 물어보기	儿子 Érzi		饿 è	吗? ma?	▸ 아들, 배고프니?
④ 정반의문	儿子 Érzi		饿不饿? è bu è?		▸ 아들, 배 고프니, 안 고프니?
⑤ 정도부사	儿子 Érzi	有点儿 yǒudiǎnr	饿。 è.		▸ 아들은 조금 배고프다.

★주어 儿子를 아래 단어로 바꾸어 연습해 보세요. 064 B

儿子 érzi 아들 ▸ 女儿 nǚ'ér 딸 哥哥 gēge 오빠

복습하기

단어와 문장을 떠올려보세요.

1. 기본형 儿子很 ____。 Érzi hěn ____.
2. 부정하기 儿子不 ____。 Érzi ____ ____.
3. 물어보기 儿子 ____ 吗？ Érzi ____ ____?
4. 정반의문 儿子 ____ ？ Érzi ________?
5. 정도부사 儿子有点儿 ____。 Érzi ______ ____.

체크하기

단어와 문장을 확인해보세요.

064 C

- ☑ 딸은 매우 배고프다. — ☐ 女儿很饿。 Nǚ'ér hěn è.
- ☐ 딸은 배고프지 않다. — ☐ 女儿不饿。 Nǚ'ér bú è.
- ☐ 딸, 배고프니? — ☐ 女儿饿吗？ Nǚ'ér è ma?
- ☐ 딸은 배고프니, 안 고프니? — ☐ 女儿饿不饿？ Nǚ'ér è bu è?
- ☐ 딸은 조금 배고프다. — ☐ 女儿有点儿饿。 Nǚ'ér yǒudiǎnr è.

- ☐ 오빠는 매우 배고프다. — ☐ 哥哥很饿。 Gēge hěn è.
- ☐ 오빠는 배고프지 않다. — ☐ 哥哥不饿。 Gēge bú è.
- ☐ 오빠, 배고파? — ☐ 哥哥饿吗？ Gēge è ma?
- ☐ 오빠는 배고파, 안 고파? — ☐ 哥哥饿不饿？ Gēge è bu è?
- ☐ 오빠는 조금 배고프다. — ☐ 哥哥有点儿饿。 Gēge yǒudiǎnr è.

065 难 어렵다

nán

	주어	부사어	술어	어기조사	
① 기본형	考试 Kǎoshì	很 hěn	难。 nán.		▸ 시험은 매우 어렵다.
② 부정하기	考试 Kǎoshì	不 bù	难。 nán.		▸ 시험은 어렵지 않다.
③ 물어보기	考试 Kǎoshì		难 nán	吗? ma?	▸ 시험은 어렵니?
④ 정반의문	考试 Kǎoshì		难不难? nán bu nán?		▸ 시험은 어렵니, 안 어렵니?
⑤ 정도부사	考试 Kǎoshì	有点儿 yǒudiǎnr	难。 nán.		▸ 시험은 조금 어렵다.

★주어 考试를 아래 단어로 바꾸어 연습해 보세요. 065 B

考试 kǎoshì 시험 ▶ 汉语 hànyǔ 중국어 | 留学生活 liúxué shēnghuó 유학생활

복습하기

단어와 문장을
떠올려보세요.

1. 기본형 考试很____。 Kǎoshì ____ ____.
2. 부정하기 考试不____。 Kǎoshì ____ ____.
3. 물어보기 考试____吗? Kǎoshì ____ ____?
4. 정반의문 考试________? Kǎoshì ________?
5. 정도부사 考试有点儿____。 Kǎoshì ______ ____.

체크하기

065 C

단어와 문장을
확인해보세요.

☑ 중국어는 매우 어렵다.	□ 汉语很难。 Hànyǔ hěn nán.
□ 중국어는 어렵지 않다.	□ 汉语不难。 Hànyǔ bù nán.
□ 중국어는 어렵니?	□ 汉语难吗? Hànyǔ nán ma?
□ 중국어는 어렵니, 어렵지 않니?	□ 汉语难不难? Hànyǔ nán bu nán?
□ 중국어는 조금 어렵다.	□ 汉语有点儿难。 Hànyǔ yǒudiǎnr nán.
□ 유학생활은 매우 어렵다.	□ 留学生活很难。 Liúxué shēnghuó hěn nán.
□ 유학생활은 어렵지 않다.	□ 留学生活不难。 Liúxué shēnghuó bù nán.
□ 유학생활은 어렵니?	□ 留学生活难吗? Liúxué shēnghuó nán ma?
□ 유학생활은 어렵니, 어렵지 않니?	□ 留学生活难不难? Liúxué shēnghuó nán bu nán?
□ 유학생활은 조금 어렵다.	□ 留学生活有点儿难。 Liúxué shēnghuó yǒudiǎnr nán.

배운 것을 연습해 보아요!

1. 아래 단어의 한자와 한어병음을 적어보세요.

	뜻	한자	한어병음
❶	바쁘다		
❷	피곤하다		
❸	졸리다		
❹	배고프다		
❺	어렵다		

2. 다음 문장의 틀린 부분을 바르게 고쳐보세요.

❶ 学习忙不忙? 업무가 바쁘니, 안 바쁘니? ▶ ____________________

❷ 叔叔有点儿很累。 삼촌은 조금 피곤하다. ▶ ____________________

❸ 爷爷困有点儿。 할아버지는 조금 졸리다. ▶ ____________________

❹ 儿子饿不饿吗? 아들은 배가 고프니? ▶ ____________________

❺ 考试难不难。 시험은 어렵지 않다. ▶ ____________________

3. 다음 문장의 한어병음과 뜻을 적어보세요.

❶ 工作不忙。 ▶ ____________________

❷ 舅舅累不累? ▶ ____________________

❸ 女儿有点儿饿。 ▶ ____________________

❹ 奶奶困不困? ▶ ____________________

❺ 汉语很难。 ▶ ____________________

형용사

066 ~ 075

부사 "非常"을 활용한 문장!
"창문이 대단히 더럽네!"

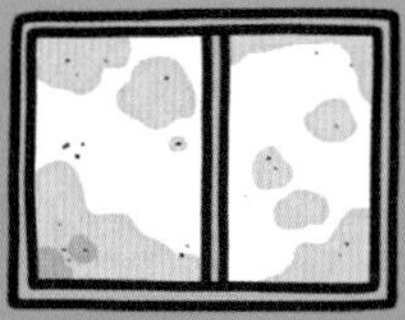

미리보기

贵 guì 비싸다	便宜 piányi 싸다	脏 zāng 더럽다	干净 gānjìng 깨끗하다	安静 ānjìng 조용하다
热 rè 덥다	冷 lěng 춥다	暖和 nuǎnhuo 따뜻하다	干燥 gānzào 건조하다	凉快 liángkuai 서늘하다

066 贵 비싸다

guì

066A

	관형어	주어	부사어	술어	어기조사	
① 기본형	这双 Zhè shuāng	运动鞋 yùndòngxié	很 hěn	贵。 guì.		이 운동화는 매우 비싸다. 双 shuāng은 신발 · 양말 등 쌍으로 된 물건을 세는 양사예요.
② 부정하기	这双 Zhè shuāng	运动鞋 yùndòngxié	不 bú	贵。 guì.		이 운동화는 비싸지 않다.
③ 물어보기	这双 Zhè shuāng	运动鞋 yùndòngxié		贵 guì	吗? ma?	이 운동화는 비싸니?
④ 정반의문	这双 Zhè shuāng	运动鞋 yùndòngxié		贵不贵? guì bu guì?		이 운동화는 비싸니, 안 비싸니?
⑤ 정도부사	这双 Zhè shuāng	运动鞋 yùndòngxié	非常 fēicháng	贵。 guì.		이 운동화는 대단히 비싸다. 非常은 '대단히'라는 뜻의 정도부사예요.

★주어 运动鞋를 아래 단어로 바꾸어 연습해 보세요. 066 B

运动鞋 yùndòngxié 운동화 ▶ 皮鞋 píxié 구두 | 袜子 wàzi 양말

복습하기

단어와 문장을
떠올려보세요.

1. 기본형 这双运动鞋很____。 Zhè shuāng yùndòngxié hěn ____.
2. 부정하기 这双运动鞋不____。 Zhè shuāng yùndòngxié ____ ____.
3. 물어보기 这双运动鞋____吗? Zhè shuāng yùndòngxié ____ ____?
4. 정반의문 这双运动鞋________? Zhè shuāng yùndòngxié ________?
5. 정도부사 这双运动鞋非常____。 Zhè shuāng yùndòngxié ____ ____.

체크하기

066 C

단어와 문장을
확인해보세요.

☑ 이 구두는 매우 비싸다. □ 这双皮鞋很贵。 Zhè shuāng píxié hěn guì.

□ 이 구두는 비싸지 않다. □ 这双皮鞋不贵。 Zhè shuāng píxié bú guì.

□ 이 구두는 비싸니? □ 这双皮鞋贵吗? Zhè shuāng píxié guì ma?

□ 이 구두는 비싸니, 안 비싸니? □ 这双皮鞋贵不贵? Zhè shuāng píxié guì bu guì?

□ 이 구두는 대단히 비싸다. □ 这双皮鞋非常贵。 Zhè shuāng píxié fēicháng guì.

□ 이 양말은 매우 비싸다. □ 这双袜子很贵。 Zhè shuāng wàzi hěn guì.

□ 이 양말은 비싸지 않다. □ 这双袜子不贵。 Zhè shuāng wàzi bú guì.

□ 이 양말은 비싸니? □ 这双袜子贵吗? Zhè shuāng wàzi guì ma?

□ 이 양말은 비싸니, 안 비싸니? □ 这双袜子贵不贵? Zhè shuāng wàzi guì bu guì?

□ 이 양말은 대단히 비싸다. □ 这双袜子非常贵。 Zhè shuāng wàzi fēicháng guì.

067A

067 便宜 싸다

piányi

관형어 | 주어 | 부사어 | 술어 | 어기조사

① 기본형

这条 裙子 很 便宜。

Zhè tiáo qúnzi hěn piányi.

▶ 이 치마는 매우 싸다.

条 tiáo는 치마·바지 등 하의를 세는 양사예요.

② 부정하기

这条 裙子 不 便宜。

Zhè tiáo qúnzi bù piányi.

▶ 이 치마는 싸지 않다.

③ 물어보기

这条 裙子 便宜 吗?

Zhè tiáo qúnzi piányi ma?

▶ 이 치마는 싸니?

④ 정반의문

这条 裙子 便不便宜?

Zhè tiáo qúnzi pián bu piányi?

▶ 이 치마는 싸니, 안 싸니?

⑤ 정도부사

这条 裙子 非常 便宜。

Zhè tiáo qúnzi fēicháng piányi.

▶ 이 치마는 대단히 싸다.

★주어 裙子를 아래 단어로 바꾸어 연습해 보세요. 067B

裙子 qúnzi 치마 ▶ 裤子 kùzi 바지 | 牛仔裤 niúzǎikù 청바지

복습하기

단어와 문장을
떠올려보세요.

1. 기본형 这条裙子很 。 Zhè tiáo qúnzi hěn ______.
2. 부정하기 这条裙子不 。 Zhè tiáo qúnzi ____ ______.
3. 물어보기 这条裙子 吗? Zhè tiáo qúnzi ______ ___?
4. 정반의문 这条裙子 ? Zhè tiáo qúnzi ______________?
5. 정도부사 这条裙子非常 。 Zhè tiáo qúnzi ______ ______.

체크하기

단어와 문장을
확인해보세요.

067 C

☑ 이 바지는 매우 싸다. ☐ 这条裤子很便宜。
Zhè tiáo kùzi hěn piányi.

☐ 이 바지는 싸지 않다. ☐ 这条裤子不便宜。
Zhè tiáo kùzi bù piányi.

☐ 이 바지는 싸니? ☐ 这条裤子便宜吗?
Zhè tiáo kùzi piányi ma?

☐ 이 바지는 싸니, 안 싸니? ☐ 这条裤子便不便宜?
Zhè tiáo kùzi pián bu piányi?

☐ 이 바지는 대단히 싸다. ☐ 这条裤子非常便宜。
Zhè tiáo kùzi fēicháng piányi.

☐ 이 청바지는 매우 싸다. ☐ 这条牛仔裤很便宜。
Zhè tiáo niúzǎikù hěn piányi.

☐ 이 청바지는 싸지 않다. ☐ 这条牛仔裤不便宜。
Zhè tiáo niúzǎikù bù piányi.

☐ 이 청바지는 싸니? ☐ 这条牛仔裤便宜吗?
Zhè tiáo niúzǎikù piányi ma?

☐ 이 청바지는 싸니, 안 싸니? ☐ 这条牛仔裤便不便宜?
Zhè tiáo niúzǎikù pián bu piányi?

☐ 이 청바지는 대단히 싸다. ☐ 这条牛仔裤非常便宜。
Zhè tiáo niúzǎikù fēicháng piányi.

068A

068 脏 더럽다

zāng

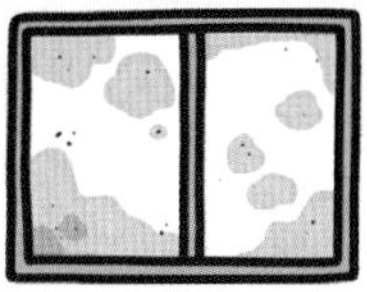

	주어	부사어	술어	어기조사	
① 기본형	窗户 Chuānghu	很 hěn	脏。 zāng.		▸ 창문은 매우 더럽다.
② 부정하기	窗户 Chuānghu	不 bù	脏。 zāng.		▸ 창문은 더럽지 않다.
③ 물어보기	窗户 Chuānghu		脏 zāng	吗? ma?	▸ 창문은 더럽니?
④ 정반의문	窗户 Chuānghu		脏不脏? zāng bu zāng?		▸ 창문은 더럽니, 안 더럽니?
⑤ 정도부사	窗户 Chuānghu	非常 fēicháng	脏。 zāng.		▸ 창문은 대단히 더럽다.

★주어 窗户를 아래 단어로 바꾸어 연습해 보세요. 068 B

窗户 chuānghu 창문 ▶ 房间 fángjiān 방 衣服 yīfu 옷

복습하기

단어와 문장을 떠올려보세요.

1. 기본형 窗户很　　。 Chuānghu hěn ______.
2. 부정하기 窗户不　　。 Chuānghu ___ _____.
3. 물어보기 窗户　　吗? Chuānghu _____ ___?
4. 정반의문 窗户　　? Chuānghu ____________?
5. 정도부사 窗户非常　　。 Chuānghu ______ _____.

체크하기

068 C

단어와 문장을 확인해보세요.

☑ 방은 매우 더럽다.	☐ 房间很脏。 Fángjiān hěn zāng.
☐ 방은 더럽지 않다.	☐ 房间不脏。 Fángjiān bù zāng.
☐ 방은 더럽니?	☐ 房间脏吗? Fángjiān zāng ma?
☐ 방은 더럽니, 안 더럽니?	☐ 房间脏不脏? Fángjiān zāng bu zāng?
☐ 방은 대단히 더럽다.	☐ 房间非常脏。 Fángjiān fēicháng zāng.
☐ 옷은 매우 더럽다.	☐ 衣服很脏。 Yīfu hěn zāng.
☐ 옷은 더럽지 않다.	☐ 衣服不脏。 Yīfu bù zāng.
☐ 옷은 더럽니?	☐ 衣服脏吗? Yīfu zāng ma?
☐ 옷은 더럽니, 안 더럽니?	☐ 衣服脏不脏? Yīfu zāng bu zāng?
☐ 옷은 대단히 더럽다.	☐ 衣服非常脏。 Yīfu fēicháng zāng.

069A

069 干净 깨끗하다

gānjìng

	주어	부사어	술어	어기조사	
① 기본형	厨房 Chúfáng	很 hěn	干净。 gānjìng.		주방은 매우 깨끗하다.
② 부정하기	厨房 Chúfáng	不 bù	干净。 gānjìng.		주방은 깨끗하지 않다.
③ 물어보기	厨房 Chúfáng		干净 gānjìng	吗? ma?	주방은 깨끗하니?
④ 정반의문	厨房 Chúfáng		干不干净? gān bu gānjìng?		주방은 깨끗하니, 안 깨끗하니?
⑤ 정도부사	厨房 Chúfáng	非常 fēicháng	干净。 gānjìng.		주방은 대단히 깨끗하다.

★주어 厨房을 아래 단어로 바꾸어 연습해 보세요. 069 B

厨房 chúfáng 주방, 부엌 ▶ 洗手间 xǐshǒujiān 화장실 | 办公室 bàngōngshì 사무실

복습하기

1. 기본형 厨房很 。 Chúfáng hěn ______.
2. 부정하기 厨房不 。 Chúfáng ____ ______.
3. 물어보기 厨房 吗? Chúfáng ______ ____?
4. 정반의문 厨房 ? Chúfáng ____________?
5. 정도부사 厨房非常 。 Chúfáng ______ ______.

체크하기

069C

☑ 화장실은 매우 깨끗하다.
□ 洗手间很干净。
Xǐshǒujiān hěn gānjìng.

□ 화장실은 깨끗하지 않다.
□ 洗手间不干净。
Xǐshǒujiān bù gānjìng.

□ 화장실은 깨끗하니?
□ 洗手间干净吗?
Xǐshǒujiān gānjìng ma?

□ 화장실은 깨끗하니, 안 깨끗하니?
□ 洗手间干不干净?
Xǐshǒujiān gān bu gānjìng?

□ 화장실은 대단히 깨끗하다.
□ 洗手间非常干净。
Xǐshǒujiān fēicháng gānjìng.

□ 사무실은 매우 깨끗하다.
□ 办公室很干净。
Bàngōngshì hěn gānjìng.

□ 사무실은 깨끗하지 않다.
□ 办公室不干净。
Bàngōngshì bù gānjìng.

□ 사무실은 깨끗하니?
□ 办公室干净吗?
Bàngōngshì gānjìng ma?

□ 사무실은 깨끗하니, 안 깨끗하니?
□ 办公室干不干净?
Bàngōngshì gān bu gānjìng?

□ 사무실은 대단히 깨끗하다.
□ 办公室非常干净。
Bàngōngshì fēicháng gānjìng.

070 安静 조용하다

ānjìng

070A

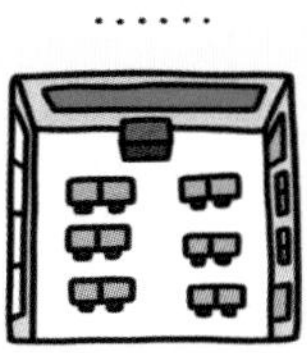

	주어	부사어	술어	어기조사	
① 기본형	教室里 Jiàoshì li	很 hěn	安静。 ānjìng.		교실 안은 매우 조용하다.
② 부정하기	教室里 Jiàoshì li	不 bù	安静。 ānjìng.		교실 안은 조용하지 않다.
③ 물어보기	教室里 Jiàoshì li		安静 ānjìng	吗? ma?	교실 안은 조용하니?
④ 정반의문	教室里 Jiàoshì li	安不安静? ān bu ānjìng?			교실 안은 조용하니, 안 조용하니?
⑤ 정도부사	教室里 Jiàoshì li	非常 fēicháng	安静。 ānjìng.		교실 안은 대단히 조용하다.

★주어 教室里를 아래 단어로 바꾸어 연습해 보세요. 070 B

教室里 jiàoshì li 교실 안 ▶ 家里 jiāli 집 안 | 办公室里 bàngōngshì li 사무실 안

복습하기

단어와 문장을
떠올려보세요.

1. 기본형 教室里很 ____。 Jiàoshì li hěn ____.
2. 부정하기 教室里不 ____。 Jiàoshì li ____ ____.
3. 물어보기 教室里 ____ 吗? Jiàoshì li ____ ____?
4. 정반의문 教室里 ____? Jiàoshì li ____?
5. 정도부사 教室里非常 ____。 Jiàoshì li ____ ____.

체크하기

070 C

단어와 문장을
확인해보세요.

☑ 집 안은 매우 조용하다.	☐ 家里很安静。 Jiāli hěn ānjìng.
☐ 집 안은 조용하지 않다.	☐ 家里不安静。 Jiāli bù ānjìng.
☐ 집 안은 조용하니?	☐ 家里安静吗? Jiāli ānjìng ma?
☐ 집 안은 조용하니, 안 조용하니?	☐ 家里安不安静? Jiāli ān bu ānjìng?
☐ 집 안은 대단히 조용하다.	☐ 家里非常安静。 Jiāli fēicháng ānjìng.

☐ 사무실 안은 매우 조용하다.	☐ 办公室里很安静。 Bàngōngshì li hěn ānjìng.
☐ 사무실 안은 조용하지 않다.	☐ 办公室里不安静。 Bàngōngshì li bù ānjìng.
☐ 사무실 안은 조용하니?	☐ 办公室里安静吗? Bàngōngshì li ānjìng ma?
☐ 사무실 안은 조용하니, 안 조용하니?	☐ 办公室里安不安静? Bàngōngshì li ān bu ānjìng?
☐ 사무실 안은 대단히 조용하다.	☐ 办公室里非常安静。 Bàngōngshì li fēicháng ānjìng.

배운 것을 연습해 보아요!

1. 아래 단어의 한자와 한어병음을 적어보세요.

뜻	한자	한어병음
❶ 비싸다		
❷ 싸다		
❸ 더럽다		
❹ 깨끗하다		
❺ 조용하다		

2. 다음 문장의 틀린 부분을 바르게 고쳐보세요.

❶ 这双运动鞋不贵。 이 운동화는 대단히 비싸다. ▶ ____________________

❷ 这条裤子很便宜。 이 치마는 매우 싸다. ▶ ____________________

❸ 窗户脏不脏吗? 창문은 더럽니? ▶ ____________________

❹ 厨房很不干净。 주방은 매우 깨끗하다. ▶ ____________________

❺ 教室里很安静不。 교실 안은 매우 조용하다. ▶ ____________________

3. 다음 문장의 한어병음과 뜻을 적어보세요.

❶ 这双袜子非常贵。 ▶ ____________________

❷ 这条牛仔裤便不便宜? ▶ ____________________

❸ 房间脏不脏? ▶ ____________________

❹ 洗手间非常干净。 ▶ ____________________

❺ 家里安静吗? ▶ ____________________

선생님의 노트!

❶ 정도부사 非常

정도부사 非常은 '대단히' 라는 뜻으로, 형용사 앞에서 정도를 강조하는 부사어이다.

❷ 양사 条

条 tiáo

(1) 하의를 세는 단위

一条裤子 yì tiáo kùzi 바지 한 벌
一条裙子 yì tiáo qúnzi 치마 한 벌
一条连衣裙 yì tiáo liányīqún 원피스 한 벌
一条牛仔裤 yì tiáo niúzǎikù 청바지 한 벌

(2) 가늘고 긴 것을 세는 단위

这条路 zhè tiáo lù 이 길
这条河 zhè tiáo hé 이 강

❸ 양사 双

双 shuāng : 쌍으로 이루어진 것을 세는 단위

一双鞋 yì shuāng xié 신발 한 켤레
一双袜子 yì shuāng wàzi 양말 한 켤레
一双耳环 yì shuāng ěrhuán 귀고리 한 쌍
一双筷子 yì shuāng kuàizi 젓가락 한 쌍

❹ 집안에 있는 장소 명사

卧室 wòshì 침실
客厅 kètīng 거실
厨房 chúfáng 주방
洗手间 xǐshǒujiān 화장실
更衣室 gēngyīshì 드레스룸
阳台 yángtái 베란다
多功能室 duōgōngnéngshì 다용도실

071

热 덥다

rè

071A

주어 / 부사어 / 술어 / 어기조사

1. 기본형 夏天 很 热。
   Xiàtiān hěn rè.
   ▶ 여름은 매우 덥다.

2. 부정하기 夏天 不 热。
   Xiàtiān bú rè.
   ▶ 여름은 덥지 않다.

3. 물어보기 夏天 热 吗?
   Xiàtiān rè ma?
   ▶ 여름은 덥니?

4. 정반의문 夏天 热不热?
   Xiàtiān rè bu rè?
   ▶ 여름은 덥니, 안 덥니?

5. 정도부사 夏天 非常 热。
   Xiàtiān fēicháng rè.
   ▶ 여름은 대단히 덥다.

★주어 夏天을 아래 단어로 바꾸어 연습해 보세요. 071B

夏天 xiàtiān 여름 ▶ 今天 jīntiān 오늘 | 越南 Yuènán 베트남

복습하기

단어와 문장을 떠올려보세요.

1. 기본형 夏天很 ___ 。 Xiàtiān hěn ____.
2. 부정하기 夏天不 ___ 。 Xiàtiān ____ ____.
3. 물어보기 夏天 ___ 吗? Xiàtiān ____ ____?
4. 정반의문 夏天 ______ ? Xiàtiān ________?
5. 정도부사 夏天非常 ___ 。 Xiàtiān ______ ____.

체크하기

071C

단어와 문장을 확인해보세요.

☑ 오늘은 매우 덥다.	□ 今天很热。 Jīntiān hěn rè.
□ 오늘은 덥지 않다.	□ 今天不热。 Jīntiān bú rè.
□ 오늘은 덥니?	□ 今天热吗? Jīntiān rè ma?
□ 오늘은 덥니, 안 덥니?	□ 今天热不热? Jīntiān rè bu rè?
□ 오늘은 대단히 덥다.	□ 今天非常热。 Jīntiān fēicháng rè.

□ 베트남은 매우 덥다.	□ 越南很热。 Yuènán hěn rè.
□ 베트남은 덥지 않다.	□ 越南不热。 Yuènán bú rè.
□ 베트남은 덥니?	□ 越南热吗? Yuènán rè ma?
□ 베트남은 덥니, 안 덥니?	□ 越南热不热? Yuènán rè bu rè?
□ 베트남은 대단히 덥다.	□ 越南非常热。 Yuènán fēicháng rè.

072

冷 춥다

lěng

072A

	주어	부사어	술어	어기조사	
① 기본형	冬天 Dōngtiān	很 hěn	冷。 lěng.		▸ 겨울은 매우 춥다.
② 부정하기	冬天 Dōngtiān	不 bù	冷。 lěng.		▸ 겨울은 춥지 않다.
③ 물어보기	冬天 Dōngtiān		冷 lěng	吗? ma?	▸ 겨울은 춥니?
④ 정반의문	冬天 Dōngtiān	冷不冷? lěng bu lěng?			▸ 겨울은 춥니, 안 춥니?
⑤ 정도부사	冬天 Dōngtiān	非常 fēicháng	冷。 lěng.		▸ 겨울은 대단히 춥다.

★주어 冬天을 아래 단어로 바꾸어 연습해 보세요. 072B

冬天 dōngtiān 겨울 ▶ 明天 míngtiān 내일 | 北京 Běijīng 베이징

복습하기

단어와 문장을 떠올려보세요.
?

1. 기본형 冬天很 。 Dōngtiān hěn _____.
2. 부정하기 冬天不 。 Dōngtiān _____ _____.
3. 물어보기 冬天 吗? Dōngtiān _____ _____?
4. 정반의문 冬天 ? Dōngtiān _____________?
5. 정도부사 冬天非常 。 Dōngtiān _____ _____.

체크하기

072 C

단어와 문장을 확인해보세요.
!

☑ 내일은 매우 춥다. ☐ 明天很冷。 Míngtiān hěn lěng.

☐ 내일은 춥지 않다. ☐ 明天不冷。 Míngtiān bù lěng.

☐ 내일은 춥니? ☐ 明天冷吗? Míngtiān lěng ma?

☐ 내일은 춥니, 안 춥니? ☐ 明天冷不冷? Míngtiān lěng bu lěng?

☐ 내일은 대단히 춥다. ☐ 明天非常冷。 Míngtiān fēicháng lěng.

☐ 베이징은 매우 춥다. ☐ 北京很冷。 Běijīng hěn lěng.

☐ 베이징은 춥지 않다. ☐ 北京不冷。 Běijīng bù lěng.

☐ 베이징은 춥니? ☐ 北京冷吗? Běijīng lěng ma?

☐ 베이징은 춥니, 안 춥니? ☐ 北京冷不冷? Běijīng lěng bu lěng?

☐ 베이징은 대단히 춥다. ☐ 北京非常冷。 Běijīng fēicháng lěng.

073 暖和 따뜻하다

nuǎnhuo

073A

주어 / 부사어 / 술어 / 어기조사

① 기본형 春天 很 暖和。
Chūntiān hěn nuǎnhuo.
▸ 봄은 매우 따뜻하다.

② 부정하기 春天 不 暖和。
Chūntiān bù nuǎnhuo.
▸ 봄은 따뜻하지 않다.

③ 물어보기 春天 暖和 吗?
Chūntiān nuǎnhuo ma?
▸ 봄은 따뜻하니?

④ 정반의문 春天 暖不暖和?
Chūntiān nuǎn bu nuǎnhuo?
▸ 봄은 따뜻하니, 안 따뜻하니?

⑤ 정도부사 春天 非常 暖和。
Chūntiān fēicháng nuǎnhuo.
▸ 봄은 대단히 따뜻하다.

★주어 春天을 아래 단어로 바꾸어 연습해 보세요. 073B

春天 chūntiān 봄 ▸ 周末 zhōumò 주말 | 夏威夷 Xiàwēiyí 하와이

복습하기

단어와 문장을 떠올려보세요.

1. 기본형 春天很 ______。 Chūntiān hěn ______.
2. 부정하기 春天不 ______。 Chūntiān ____ ______.
3. 물어보기 春天 ______ 吗? Chūntiān ______ ___?
4. 정반의문 春天 ______? Chūntiān ______________?
5. 정도부사 春天非常 ______。 Chūntiān ______ ______.

체크하기

073 C

단어와 문장을 확인해보세요.

☑ 주말은 매우 따뜻하다.
☐ 周末很暖和。
Zhōumò hěn nuǎnhuo.

☐ 주말은 따뜻하지 않다.
☐ 周末不暖和。
Zhōumò bù nuǎnhuo.

☐ 주말은 따뜻하니?
☐ 周末暖和吗?
Zhōumò nuǎnhuo ma?

☐ 주말은 따뜻하니, 따뜻하지 않니?
☐ 周末暖不暖和?
Zhōumò nuǎn bu nuǎnhuo?

☐ 주말은 대단히 따뜻하다.
☐ 周末非常暖和。
Zhōumò fēicháng nuǎnhuo.

☐ 하와이는 매우 따뜻하다.
☐ 夏威夷很暖和。
Xiàwēiyí hěn nuǎnhuo.

☐ 하와이는 따뜻하지 않다.
☐ 夏威夷不暖和。
Xiàwēiyí bù nuǎnhuo.

☐ 하와이는 따뜻하니?
☐ 夏威夷暖和吗?
Xiàwēiyí nuǎnhuo ma?

☐ 하와이는 따뜻하니, 따뜻하지 않니?
☐ 夏威夷暖不暖和?
Xiàwēiyí nuǎn bu nuǎnhuo?

☐ 하와이는 대단히 따뜻하다.
☐ 夏威夷非常暖和。
Xiàwēiyí fēicháng nuǎnhuo.

074A

074 干燥 건조하다

gānzào

주어 | 부사어 | 술어 | 어기조사

① 기본형 气候 很 干燥。
Qìhòu hěn gānzào.
▶ 기후가 매우 건조하다.

② 부정하기 气候 不 干燥。
Qìhòu bù gānzào.
▶ 기후가 건조하지 않다.

③ 물어보기 气候 干燥 吗?
Qìhòu gānzào ma?
▶ 기후가 건조하니?

④ 정반의문 气候 干不干燥?
Qìhòu gān bu gānzào?
▶ 기후가 건조하니, 안 건조하니?

⑤ 정도부사 气候 非常 干燥。
Qìhòu fēicháng gānzào.
▶ 기후가 대단히 건조하다.

★주어 气候를 아래 단어로 바꾸어 연습해 보세요. 074B

气候 qìhòu 기후 ▶ 眼睛 yǎnjing 눈 | 这里 zhèli 이곳, 여기

복습하기

단어와 문장을
떠올려보세요.

1. 기본형 气候很 ______ 。 Qìhòu hěn ______.
2. 부정하기 气候不 ______ 。 Qìhòu ___ ______.
3. 물어보기 气候 ______ 吗? Qìhòu ______ ___?
4. 정반의문 气候 ______ ? Qìhòu ______________?
5. 정도부사 气候非常 ______ 。 Qìhòu ______ ______.

체크하기

074 C

단어와 문장을
확인해보세요.

☑ 눈이 매우 건조하다.	□ 眼睛很干燥。 Yǎnjing hěn gānzào.
□ 눈이 건조하지 않다.	□ 眼睛不干燥。 Yǎnjing bù gānzào.
□ 눈이 건조하니?	□ 眼睛干燥吗? Yǎnjing gānzào ma?
□ 눈이 건조하니, 안 건조하니?	□ 眼睛干不干燥? Yǎnjing gān bu gānzào?
□ 눈이 대단히 건조하다.	□ 眼睛非常干燥。 Yǎnjing fēicháng gānzào.
□ 이곳은 매우 건조하다.	□ 这里很干燥。 Zhèli hěn gānzào.
□ 이곳은 건조하지 않다.	□ 这里不干燥。 Zhèli bù gānzào.
□ 이곳은 건조하니?	□ 这里干燥吗? Zhèli gānzào ma?
□ 이곳은 건조하니, 안 건조하니?	□ 这里干不干燥? Zhèli gān bu gānzào?
□ 이곳은 대단히 건조하다.	□ 这里非常干燥。 Zhèli fēicháng gānzào.

075 凉快 서늘하다

liángkuai

075A

	주어	부사어	술어	어기조사	
① 기본형	天气 Tiānqì	很 hěn	凉快。 liángkuai.		▸ 날씨가 매우 서늘하다.
② 부정하기	天气 Tiānqì	不 bù	凉快。 liángkuai.		▸ 날씨가 서늘하지 않다.
③ 물어보기	天气 Tiānqì		凉快 liángkuai	吗? ma?	▸ 날씨가 서늘하니?
④ 정반의문	天气 Tiānqì		凉不凉快? liáng bu liángkuai?		▸ 날씨가 서늘하니, 안 서늘하니?
⑤ 정도부사	天气 Tiānqì	非常 fēicháng	凉快。 liángkuai.		▸ 날씨가 대단히 서늘하다.

★주어 天气를 아래 단어로 바꾸어 연습해 보세요. 075B

天气 tiānqì 날씨 ▸ 秋天 qiūtiān 가을 | 那里 nàli 그곳, 거기

복습하기

단어와 문장을 떠올려보세요.

1. 기본형 天气很 ______。 Tiānqì hěn ______.
2. 부정하기 天气不 ______。 Tiānqì ___ ______.
3. 물어보기 天气 ______ 吗? Tiānqì ______ ___?
4. 정반의문 天气 ______? Tiānqì ______________?
5. 정도부사 天气非常 ______。 Tiānqì ______ ______.

체크하기

단어와 문장을 확인해보세요.

075 C

☑ 가을은 매우 서늘하다. □ 秋天很凉快。 Qiūtiān hěn liángkuai.

□ 가을은 서늘하지 않다. □ 秋天不凉快。 Qiūtiān bù liángkuai.

□ 가을은 서늘하니? □ 秋天凉快吗? Qiūtiān liángkuai ma?

□ 가을은 서늘하니, 안 서늘하니? □ 秋天凉不凉快? Qiūtiān liáng bu liángkuai?

□ 가을은 대단히 서늘하다. □ 秋天非常凉快。 Qiūtiān fēicháng liángkuai.

□ 그곳은 매우 서늘하다. □ 那里很凉快。 Nàli hěn liángkuai.

□ 그곳은 서늘하지 않다. □ 那里不凉快。 Nàli bù liángkuai.

□ 그곳은 서늘하니? □ 那里凉快吗? Nàli liángkuai ma?

□ 그곳은 서늘하니, 안 서늘하니? □ 那里凉不凉快? Nàli liáng bu liángkuai?

□ 그곳은 대단히 서늘하다. □ 那里非常凉快。 Nàli fēicháng liángkuai.

배운 것을 연습해 보아요!

1. 아래 단어의 한자와 한어병음을 적어보세요.

	뜻	한자	한어병음
❶	덥다		
❷	춥다		
❸	따뜻하다		
❹	건조하다		
❺	서늘하다		

2. 다음 문장의 틀린 부분을 바르게 고쳐보세요.

❶ 夏天热不热吗？ 여름은 덥니? ▶ ______________________

❷ 冬天非常很冷。 겨울은 춥지 않다. ▶ ______________________

❸ 春天不很暖和。 봄은 따뜻하지 않다. ▶ ______________________

❹ 气候不干燥。 기후가 매우 건조하다. ▶ ______________________

❺ 秋天凉快不吗？ 가을은 서늘하니? ▶ ______________________

3. 다음 문장의 한어병음과 뜻을 적어보세요.

❶ 越南非常热。 ▶ ______________________

❷ 北京冷不冷？ ▶ ______________________

❸ 夏威夷非常暖和。 ▶ ______________________

❹ 眼睛不干燥。 ▶ ______________________

❺ 那里凉快吗？ ▶ ______________________

형용사

076 ~ 080

부사 "挺……的"를 활용한 문장!
"이 책가방은 꽤 무겁네."

미리보기

厚	重	长	大	多
hòu	zhòng	cháng	dà	duō
두껍다	무겁다	길다	크다	많다

076A

076 厚 두껍다

hòu

관형어 | 주어 | 부사어 | 술어 | 어기조사

① 기본형
这件 毛衣 很 厚。
Zhè jiàn máoyī hěn hòu.
▸ 이 스웨터는 매우 두껍다.

② 부정하기
这件 毛衣 不 厚。
Zhè jiàn máoyī bú hòu.
▸ 이 스웨터는 두껍지 않다.

③ 물어보기
这件 毛衣 厚 吗?
Zhè jiàn máoyī hòu ma?
▸ 이 스웨터는 두껍니?

④ 정반의문
这件 毛衣 厚不厚?
Zhè jiàn máoyī hòu bu hòu?
▸ 이 스웨터는 두껍니, 안 두껍니?

⑤ 정도부사
这件 毛衣 挺 厚 的。
Zhè jiàn máoyī tǐng hòu de.
▸ 이 스웨터는 꽤 두껍다.
挺……的 : 挺은 문장 끝에 的와 함께 구문으로 쓰며, '매우'라는 뜻으로 정도를 강하게 표현해요.

★주어 这件毛衣를 아래 단어로 바꾸어 연습해 보세요. 076B

这件毛衣 zhè jiàn máoyī 이 스웨터

▸ 这本书 zhè běn shū 이 책 | 这件衬衫 zhè jiàn chènshān 이 셔츠

✚ 本 běn은 책을 세는 단위이며, 件 jiàn은 옷 · 상의를 세는 양사이다.

복습하기

단어와 문장을
떠올려보세요.

1. 기본형 这件毛衣很　　。 Zhè jiàn máoyī hěn ____.
2. 부정하기 这件毛衣不　　。 Zhè jiàn máoyī ____ ____.
3. 물어보기 这件毛衣　　吗? Zhè jiàn máoyī ____ ____?
4. 정반의문 这件毛衣　　　? Zhè jiàn máoyī ________?
5. 정도부사 这件毛衣挺　　的。 Zhè jiàn máoyī ____ ____ ____.

체크하기

076 C

단어와 문장을
확인해보세요.

☑ 이 책은 매우 두껍다. | ☐ 这本书很厚。 Zhè běn shū hěn hòu.

☐ 이 책은 두껍지 않다. | ☐ 这本书不厚。 Zhè běn shū bú hòu.

☐ 이 책은 두껍니? | ☐ 这本书厚吗? Zhè běn shū hòu ma?

☐ 이 책은 두껍니, 안 두껍니? | ☐ 这本书厚不厚? Zhè běn shū hòu bu hòu?

☐ 이 책은 꽤 두껍다. | ☐ 这本书挺厚的。 Zhè běn shū tǐng hòu de.

☐ 이 셔츠는 매우 두껍다. | ☐ 这件衬衫很厚。 Zhè jiàn chènshān hěn hòu.

☐ 이 셔츠는 두껍지 않다. | ☐ 这件衬衫不厚。 Zhè jiàn chènshān bú hòu.

☐ 이 셔츠는 두껍니? | ☐ 这件衬衫厚吗? Zhè jiàn chènshān hòu ma?

☐ 이 셔츠는 두껍니, 안 두껍니? | ☐ 这件衬衫厚不厚? Zhè jiàn chènshān hòu bu hòu?

☐ 이 셔츠는 꽤 두껍다. | ☐ 这件衬衫挺厚的。 Zhè jiàn chènshān tǐng hòu de.

077

重 무겁다

zhòng

077A

	주어	부사어	술어	어기조사	
① 기본형	书包 Shūbāo	很 hěn	重。 zhòng.		▶ 책가방은 매우 무겁다.
② 부정하기	书包 Shūbāo	不 bú	重。 zhòng.		▶ 책가방은 무겁지 않다.
③ 물어보기	书包 Shūbāo		重 zhòng	吗? ma?	▶ 책가방은 무겁니?
④ 정반의문	书包 Shūbāo		重不重? zhòng bu zhòng?		▶ 책가방은 무겁니, 안 무겁니?
⑤ 정도부사	书包 Shūbāo	挺 tǐng	重 zhòng	的。 de.	▶ 책가방은 꽤 무겁다.

★주어 书包를 아래 단어로 바꾸어 연습해 보세요. 077B

书包 shūbāo 책가방 ▶ 词典 cídiǎn 사전 | 箱子 xiāngzi 상자

복습하기

단어와 문장을 떠올려보세요.

1. 기본형 书包很 ____。 Shūbāo hěn ____.
2. 부정하기 书包不 ____。 Shūbāo ____ ____.
3. 물어보기 书包 ____ 吗? Shūbāo ____ ____?
4. 정반의문 书包 ____ ? Shūbāo ____?
5. 정도부사 书包挺 ____ 的。 Shūbāo ____ ____ ____.

체크하기

단어와 문장을 확인해보세요.

077 C

☑ 사전은 매우 무겁다. | ☐ 词典很重。 Cídiǎn hěn zhòng.

☐ 사전은 무겁지 않다. | ☐ 词典不重。 Cídiǎn bú zhòng.

☐ 사전은 무겁니? | ☐ 词典重吗? Cídiǎn zhòng ma?

☐ 사전은 무겁니, 안 무겁니? | ☐ 词典重不重? Cídiǎn zhòng bu zhòng?

☐ 사전은 꽤 무겁다. | ☐ 词典挺重的。 Cídiǎn tǐng zhòng de.

☐ 상자는 매우 무겁다. | ☐ 箱子很重。 Xiāngzi hěn zhòng.

☐ 상자는 무겁지 않다. | ☐ 箱子不重。 Xiāngzi bú zhòng.

☐ 상자는 무겁니? | ☐ 箱子重吗? Xiāngzi zhòng ma?

☐ 상자는 무겁니, 안 무겁니? | ☐ 箱子重不重? Xiāngzi zhòng bu zhòng?

☐ 상자는 꽤 무겁다. | ☐ 箱子挺重的。 Xiāngzi tǐng zhòng de.

078A

078 长 길다

cháng

	관형어	주어	부사어	술어	어기조사	
① 기본형	这条 Zhè tiáo	路 lù	很 hěn	长。 cháng.		▶ 이 길은 매우 길다. 条는 길 · 하천 · 강 등 기다란 것을 셀 때 쓰고, 치마 · 바지 등 하의를 셀 때도 써요.
② 부정하기	这条 Zhè tiáo	路 lù	不 bù	长。 cháng.		▶ 이 길은 길지 않다.
③ 물어보기	这条 Zhè tiáo	路 lù		长 cháng	吗? ma?	▶ 이 길은 길어?
④ 정반의문	这条 Zhè tiáo	路 lù		长不长? cháng bu cháng?		▶ 이 길은 길어, 안 길어?
⑤ 정도부사	这条 Zhè tiáo	路 lù	挺 tǐng	长 cháng	的。 de.	▶ 이 길은 꽤 길다.

★주어 这条路를 아래 단어로 바꾸어 연습해 보세요. 078B

这条路 zhè tiáo lù 이 길

▶ 这条裙子 zhè tiáo qúnzi 이 치마 / 姐姐的头发 jiějie de tóufa 언니의 머리카락

복습하기

단어와 문장을 떠올려보세요.

1. 기본형 这条路很______。 Zhè tiáo lù hěn ______.
2. 부정하기 这条路不______。 Zhè tiáo lù ______ ______.
3. 물어보기 这条路______吗？ Zhè tiáo lù ______ ______?
4. 정반의문 这条路______？ Zhè tiáo lù ______?
5. 정도부사 这条路挺______的。 Zhè tiáo lù ______ ______ ______.

체크하기

078 C

단어와 문장을 확인해보세요.

☑ 이 치마는 매우 길다.	□ 这条裙子很长。 Zhè tiáo qúnzi hěn cháng.
□ 이 치마는 길지 않다.	□ 这条裙子不长。 Zhè tiáo qúnzi bù cháng.
□ 이 치마는 길어?	□ 这条裙子长吗？ Zhè tiáo qúnzi cháng ma?
□ 이 치마는 길어, 안 길어?	□ 这条裙子长不长？ Zhè tiáo qúnzi cháng bu cháng?
□ 이 치마는 꽤 길다.	□ 这条裙子挺长的。 Zhè tiáo qúnzi tǐng cháng de.
□ 언니의 머리카락은 매우 길다.	□ 姐姐的头发很长。 Jiějie de tóufa hěn cháng.
□ 언니의 머리카락은 길지 않다.	□ 姐姐的头发不长。 Jiějie de tóufa bù cháng.
□ 언니의 머리카락은 길어?	□ 姐姐的头发长吗？ Jiějie de tóufa cháng ma?
□ 언니의 머리카락은 길어, 안 길어?	□ 姐姐的头发长不长？ Jiějie de tóufa cháng bu cháng?
□ 언니의 머리카락은 꽤 길다.	□ 姐姐的头发挺长的。 Jiějie de tóufa tǐng cháng de.

079

大 크다

dà

주어	부사어	술어	어기조사

① 기본형

房间	很	大。
Fángjiān	hěn	dà.

▶ 방은 매우 크다.

💡 大의 의미 ①(크기·면적이) 크다. ②(힘·강도가) 세다. ③(수량이) 많다

② 부정하기

房间	不	大。
Fángjiān	bú	dà.

▶ 방은 크지 않다.

③ 물어보기

房间		大	吗?
Fángjiān		dà	ma?

▶ 방은 크니?

④ 정반의문

房间		大不大?
Fángjiān		dà bu dà?

▶ 방은 크니, 안 크니?

⑤ 정도부사

房间	挺	大	的。
Fángjiān	tǐng	dà	de.

▶ 방은 꽤 크다.

★주어 房间을 아래 단어로 바꾸어 연습해 보세요. 🎧 079 B

房间 fángjiān 방 ▶ 声音 shēngyīn 목소리 工作压力 gōngzuò yālì 업무 스트레스

복습하기

단어와 문장을 떠올려보세요.

1. 기본형 　声音很 　　。 Shēngyīn hěn ______.
2. 부정하기 　声音不 　　。 Shēngyīn ______ ______.
3. 물어보기 　声音 　　吗？ Shēngyīn ______ ______?
4. 정반의문 　声音 　　　　？ Shēngyīn ________________?
5. 정도부사 　声音挺 　　的。 Shēngyīn ______ ______ ______.

체크하기

079 C

단어와 문장을 확인해보세요.

☑ 목소리가 매우 크다. ☐ 声音很大。 Shēngyīn hěn dà.

☐ 목소리가 크지 않다. ☐ 声音不大。 Shēngyīn bú dà.

☐ 목소리가 크니? ☐ 声音大吗？ Shēngyīn dà ma?

☐ 목소리가 크니, 안 크니? ☐ 声音大不大？ Shēngyīn dà bu dà?

☐ 목소리가 꽤 크다. ☐ 声音挺大的。 Shēngyīn tǐng dà de.

☐ 업무 스트레스가 매우 많다. ☐ 工作压力很大。 Gōngzuò yālì hěn dà.

☐ 업무 스트레스가 많지 않다. ☐ 工作压力不大。 Gōngzuò yālì bú dà.

☐ 업무 스트레스가 많니? ☐ 工作压力大吗？ Gōngzuò yālì dà ma?

☐ 업무 스트레스가 많니, 안 많니? ☐ 工作压力大不大？ Gōngzuò yālì dà bu dà?

☐ 업무 스트레스가 꽤 많다. ☐ 工作压力挺大的。 Gōngzuò yālì tǐng dà de.

080

多 많다

duō

🎧 080A

	관형어	주어	부사어	술어	어기조사	
① 기본형	公司 Gōngsī	职员 zhíyuán	很 hěn	多。 duō		▶ 회사 직원이 매우 많다.
② 부정하기	公司 Gōngsī	职员 zhíyuán	不 bù	多。 duō.		▶ 회사 직원이 많지 않다.
③ 물어보기	公司 Gōngsī	职员 zhíyuán		多 duō	吗? ma?	▶ 회사 직원이 많니?
④ 정반의문	公司 Gōngsī	职员 zhíyuán	多不多? duō bu duō ?			▶ 회사 직원이 많니, 안 많니?
⑤ 정도부사	公司 Gōngsī	职员 zhíyuán	挺 tǐng	多 duō	的。 de.	▶ 회사 직원이 꽤 많다.

★주어 公司职员을 아래 단어로 바꾸어 연습해 보세요. 🎧 080 B

公司职员 gōngsī zhíyuán 회사 직원 ▶ 资料 zīliào 자료 | 工资 gōngzī 월급

복습하기

단어와 문장을 떠올려보세요.

1. 기본형 公司职员很＿＿。 Gōngsī zhíyuán hěn ＿＿＿.
2. 부정하기 公司职员不＿＿。 Gōngsī zhíyuán ＿＿ ＿＿＿.
3. 물어보기 公司职员＿＿吗？ Gōngsī zhíyuán ＿＿＿ ＿＿?
4. 정반의문 公司职员＿＿＿＿？ Gōngsī zhíyuán ＿＿＿＿＿＿?
5. 정도부사 公司职员挺＿＿的。 Gōngsī zhíyuán ＿＿ ＿＿ ＿＿.

체크하기

080 C

단어와 문장을 확인해보세요.

☑ 자료가 매우 많다.	□ 资料很多。 Zīliào hěn duō.
□ 자료가 많지 않다.	□ 资料不多。 Zīliào bù duō.
□ 자료가 많니?	□ 资料多吗？ Zīliào duō ma?
□ 자료가 많니, 안 많니?	□ 资料多不多？ Zīliào duō bu duō?
□ 자료가 꽤 많다.	□ 资料挺多的。 Zīliào tǐng duō de.
□ 월급이 매우 많다.	□ 工资很多。 Gōngzī hěn duō.
□ 월급이 많지 않다.	□ 工资不多。 Gōngzī bù duō.
□ 월급이 많니?	□ 工资多吗？ Gōngzī duō ma?
□ 월급이 많니, 안 많니?	□ 工资多不多？ Gōngzī duō bu duō?
□ 월급이 꽤 많다.	□ 工资挺多的。 Gōngzī tǐng duō de.

배운 것을 연습해 보아요!

1. 배운 단어의 한자와 한어병음을 적어보세요.

	뜻	한자	한어병음
❶	두껍다		
❷	무겁다		
❸	길다		
❹	크다		
❺	많다		

2. 다음 문장의 틀린 부분을 바르게 고쳐보세요.

❶ 这本书厚不厚吗? 이 책은 두껍니? ▶ ______________________

❷ 书包不重吗。 책가방은 무겁지 않다. ▶ ______________________

❸ 这条路挺不长的。 이 길은 꽤 길다. ▶ ______________________

❹ 声音大大吗? 목소리가 크니? ▶ ______________________

❺ 公司职员很多不。 회사직원이 매우 많다. ▶ ______________________

3. 다음 문장의 한어병음과 뜻을 적어보세요.

❶ 这件毛衣很厚。 ▶ ______________________

❷ 箱子重不重? ▶ ______________________

❸ 这条裙子长不长? ▶ ______________________

❹ 工作压力挺大的。 ▶ ______________________

❺ 工资很多。 ▶ ______________________

선생님의 노트!

❶ 정도부사 挺……的

정도부사 挺은 '꽤', '매우'라는 뜻으로, 문장 끝에 的와 함께 짝꿍으로 많이 쓰인다.

❷ 반의어 알아보기

(1) 厚 hòu 두껍다 vs 薄 báo 얇다

예 这本词典很厚。Zhè běn cídiǎn hěn hòu. 이 사전은 매우 두껍다.

这本词典很薄。Zhè běn cídiǎn hěn báo. 이 사전은 매우 얇다.

(2) 重 zhòng 무겁다 vs 轻 qīng 가볍다

예 箱子很重。Xiāngzi hěn zhòng. 상자가 매우 무겁다.

箱子很轻。Xiāngzi hěn qīng. 상자가 매우 가볍다.

(3) 长 cháng 길다 vs 短 duǎn 짧다

예 这条裤子很长。Zhè tiáo kùzi hěn cháng. 이 바지는 매우 길다.

这条裤子很短。Zhè tiáo kùzi hěn duǎn. 이 바지는 매우 짧다.

(4) 大 dà 크다 vs 小 xiǎo 작다

예 房子很大。Fángzi hěn dà. 방이 매우 크다.

房子很小。Fángzi hěn xiǎo. 방이 매우 작다.

(5) 多 duō 많다 vs 少 shǎo 적다

예 人很多。Rén hěn duō. 사람이 매우 많다

人很少。Rén hěn shǎo. 사람이 매우 적다

❸ 양사 本 / 件 / 条

(1) 本 běn 책을 세는 단위

예 这本书 zhè běn shū 이 책　　这本词典 zhè běn cídiǎn 이 사전

(2) 件 jiàn 의복, 사건(일)을 세는 단위

예 这件衣服 zhè jiàn yīfu 이 옷　　这件事 zhè jiàn shì 이 일, 사건

(3) 条 tiáo 하의를 세는 단위, 가늘고 긴 것을 세는 단위

예 这条裤子 zhè tiáo kùzi 이 바지　　这条裙子 zhè tiáo qúnzi 이 치마
这条路 zhè tiáo lù 이 길

MEMO

형용사
081 ~ 085

부사 "十分"을 활용한 문장!
"아내는 아주 행복해 해!"

미리보기

高兴	满意	紧张	难过	幸福
gāoxìng	mǎnyì	jǐnzhāng	nánguò	xìngfú
기뻐하다	만족하다	긴장하다	슬퍼하다	행복하다

081A

081 高兴 기뻐하다

gāoxìng

	주어	부사어	술어	어기조사	
① 기본형	儿子 Érzi	很 hěn	高兴。 gāoxìng.		아들은 매우 기쁘다.
② 부정하기	儿子 Érzi	不 bù	高兴。 gāoxìng.		아들은 기쁘지 않다.
③ 물어보기	儿子 Érzi		高兴 gāoxìng	吗? ma?	아들은 기뻐하니?
④ 정반의문	儿子 Érzi		高不高兴? gāo bu gāoxìng?		아들은 기뻐하니, 안 하니?
⑤ 정도부사	儿子 Érzi	十分 shífēn	高兴。 gāoxìng.		아들은 아주 기뻐한다.

★주어 儿子를 아래 단어로 바꾸어 연습해 보세요. 081B

儿子 érzi 아들 ▶ 妻子 qīzi 아내 父母 fùmǔ 부모님

복습하기

단어와 문장을
떠올려보세요.

1. 기본형 儿子很 ____。 Érzi hěn ______.

2. 부정하기 儿子不 ____。 Érzi ____ ______.

3. 물어보기 儿子 ____ 吗? Érzi ______ ____?

4. 정반의문 儿子 ____ ? Érzi __________?

5. 정도부사 儿子十分 ____。 Érzi ______ ______.

체크하기

081C

단어와 문장을
확인해보세요.

☑ 아내는 매우 기쁘다.	□ 妻子很高兴。 Qīzi hěn gāoxìng.
□ 아내는 기쁘지 않다.	□ 妻子不高兴。 Qīzi bù gāoxìng.
□ 아내는 기뻐하니?	□ 妻子高兴吗? Qīzi gāoxìng ma?
□ 아내는 기뻐하니, 안 하니?	□ 妻子高不高兴? Qīzi gāo bu gāoxìng?
□ 아내는 아주 기뻐한다.	□ 妻子十分高兴。 Qīzi shífēn gāoxìng.
□ 부모님은 매우 기쁘다.	□ 父母很高兴。 Fùmǔ hěn gāoxìng.
□ 부모님은 기쁘지 않다.	□ 父母不高兴。 Fùmǔ bù gāoxìng.
□ 부모님은 기뻐하시니?	□ 父母高兴吗? Fùmǔ gāoxìng ma?
□ 부모님은 기뻐하시니, 안 하시니?	□ 父母高不高兴? Fùmǔ gāo bu gāoxìng?
□ 부모님은 아주 기뻐하신다.	□ 父母十分高兴。 Fùmǔ shífēn gāoxìng.

082A

082 满意 만족하다

mǎnyì

	주어	부사어	술어	어기조사	
① 기본형	老板 Lǎobǎn	很 hěn	满意。 mǎnyì.		▸ 사장님은 매우 만족스럽다.
② 부정하기	老板 Lǎobǎn	不 bù	满意。 mǎnyì.		▸ 사장님은 만족스럽지 않다.
③ 물어보기	老板 Lǎobǎn		满意 mǎnyì	吗? ma?	▸ 사장님은 만족스러워하니?
④ 정반의문	老板 Lǎobǎn		满不满意? mǎn bu mǎnyì?		▸ 사장님은 만족스러워하니, 안 하니?
⑤ 정도부사	老板 Lǎobǎn	十分 shífēn	满意。 mǎnyì.		▸ 사장님은 아주 만족스러워한다.

★주어 老板을 아래 단어로 바꾸어 연습해 보세요. 082 B

老板 lǎobǎn 사장님 ▶ 顾客 gùkè 고객 成绩 chéngjì 성적

복습하기

단어와 문장을
떠올려보세요.

1. 기본형 老板很 ____。 Lǎobǎn hěn ______.
2. 부정하기 老板不 ____。 Lǎobǎn ____ ______.
3. 물어보기 老板 ____ 吗? Lǎobǎn ______ ____?
4. 정반의문 老板 ____? Lǎobǎn ______________?
5. 정도부사 老板十分 ____。 Lǎobǎn _____ ______.

체크하기

082 C

단어와 문장을
확인해보세요.

☑ 고객은 매우 만족스럽다.	☐ 顾客很满意。 Gùkè hěn mǎnyì.
☐ 고객은 만족스럽지 않다.	☐ 顾客不满意。 Gùkè bù mǎnyì.
☐ 고객은 만족스러워하니?	☐ 顾客满意吗? Gùkè mǎnyì ma?
☐ 고객은 만족스러워하니, 안 하니?	☐ 顾客满不满意? Gùkè mǎn bu mǎnyì?
☐ 고객은 아주 만족스러워한다.	☐ 顾客十分满意。 Gùkè shífēn mǎnyì.
☐ 성적이 매우 만족스럽다.	☐ 成绩很满意。 Chéngjì hěn mǎnyì.
☐ 성적이 만족스럽지 않다.	☐ 成绩不满意。 Chéngjì bù mǎnyì.
☐ 성적이 만족스럽니?	☐ 成绩满意吗? Chéngjì mǎnyì ma?
☐ 성적이 만족스럽니, 아니니?	☐ 成绩满不满意? Chéngjì mǎn bu mǎnyì?
☐ 성적이 아주 만족스럽다.	☐ 成绩十分满意。 Chéngjì shífēn mǎnyì.

083 🎧 083A

紧张 긴장하다

jǐnzhāng

주어 / 부사어 / 술어 / 어기조사

① 기본형 新职员 很 紧张。
Xīn zhíyuán hěn jǐnzhāng.
▸ 신입사원은 매우 긴장했다.

② 부정하기 新职员 不 紧张。
Xīn zhíyuán bù jǐnzhāng.
▸ 신입사원은 긴장하지 않았다.

③ 물어보기 新职员 紧张 吗?
Xīn zhíyuán jǐnzhāng ma?
▸ 신입사원은 긴장했니?

④ 정반의문 新职员 紧不紧张?
Xīn zhíyuán jǐn bu jǐnzhāng?
▸ 신입사원은 긴장했니, 안 했니?

⑤ 정도부사 新职员 十分 紧张。
Xīn zhíyuán shífēn jǐnzhāng.
▸ 신입사원은 아주 긴장했다.

★주어 新职员을 아래 단어로 바꾸어 연습해 보세요. 🎧 083B

新职员 xīn zhíyuán 신입사원 ▶ 学生 xuésheng 학생 服务员 fúwùyuán 종업원

복습하기

단어와 문장을 떠올려보세요.

1. 기본형 新职员很 ____。 Xīn zhíyuán hěn ____.
2. 부정하기 新职员不 ____。 Xīn zhíyuán ____ ____.
3. 물어보기 新职员 ____ 吗? Xīn zhíyuán ____ ____?
4. 정반의문 新职员 ____? Xīn zhíyuán ____?
5. 정도부사 新职员十分 ____。 Xīn zhíyuán ____ ____.

체크하기

083 C

단어와 문장을 확인해보세요.

☑ 학생은 매우 긴장했다.	☐ 学生很紧张。 Xuésheng hěn jǐnzhāng.
☐ 학생은 긴장하지 않았다.	☐ 学生不紧张。 Xuésheng bù jǐnzhāng.
☐ 학생은 긴장했니?	☐ 学生紧张吗? Xuésheng jǐnzhāng ma?
☐ 학생은 했니, 안 했니?	☐ 学生紧不紧张? Xuésheng jǐn bu jǐnzhāng?
☐ 학생은 아주 긴장했다.	☐ 学生十分紧张。 Xuésheng shífēn jǐnzhāng.

☐ 종업원은 매우 긴장했다.	☐ 服务员很紧张。 Fúwùyuán hěn jǐnzhāng.
☐ 종업원은 긴장하지 않았다.	☐ 服务员不紧张。 Fúwùyuán bù jǐnzhāng.
☐ 종업원은 긴장했니?	☐ 服务员紧张吗? Fúwùyuán jǐnzhāng ma?
☐ 종업원은 했니, 안 했니?	☐ 服务员紧不紧张? Fúwùyuán jǐn bu jǐnzhāng?
☐ 종업원은 아주 긴장했다.	☐ 服务员十分紧张。 Fúwùyuán shífēn jǐnzhāng.

084A

084 难过 슬퍼하다

nánguò

	주어	부사어	술어	어기조사	
① 기본형	他 Tā	很 hěn	难过。 nánguò.		▸ 그는 매우 슬퍼한다.
② 부정하기	他 Tā	不 bù	难过。 nánguò.		▸ 그는 슬퍼하지 않는다.
③ 물어보기	他 Tā		难过 nánguò	吗? ma?	▸ 그는 슬퍼하니?
④ 정반의문	他 Tā		难不难过? nán bu nánguò?		▸ 그는 슬퍼하니, 안 하니?
⑤ 정도부사	他 Tā	十分 shífēn	难过。 nánguò.		▸ 그는 아주 슬퍼한다.

★주어 他를 아래 단어로 바꾸어 연습해 보세요. 084 B

他 tā 그 ▶ 朋友 péngyou 친구 同事 tóngshì 동료

복습하기

1. 기본형 他很 ______。 Tā hěn ______.
2. 부정하기 他不 ______。 Tā ______ ______.
3. 물어보기 他 ______ 吗? Tā ______ ______?
4. 정반의문 他 ______? Tā ______?
5. 정도부사 他十分 ______。 Tā ______ ______.

체크하기

084 C

- ☑ 친구는 매우 슬퍼한다. — ☐ 朋友很难过。 Péngyou hěn nánguò.
- ☐ 친구는 슬퍼하지 않는다. — ☐ 朋友不难过。 Péngyou bù nánguò.
- ☐ 친구는 슬퍼하니? — ☐ 朋友难过吗? Péngyou nánguò ma?
- ☐ 친구는 슬퍼하니, 안 하니? — ☐ 朋友难不难过? Péngyou nán bu nánguò?
- ☐ 친구는 아주 슬퍼한다. — ☐ 朋友十分难过。 Péngyou shífēn nánguò.

- ☐ 동료는 매우 슬퍼한다. — ☐ 同事很难过。 Tóngshì hěn nánguò.
- ☐ 동료는 슬퍼하지 않는다. — ☐ 同事不难过。 Tóngshì bù nánguò.
- ☐ 동료는 슬퍼하니? — ☐ 同事难过吗? Tóngshì nánguò ma?
- ☐ 동료는 슬퍼하니, 안 하니? — ☐ 同事难不难过? Tóngshì nán bu nánguò?
- ☐ 동료는 아주 슬퍼한다. — ☐ 同事十分难过。 Tóngshì shífēn nánguò.

085A

085 幸福 행복하다

xìngfú

	주어	부사어	술어	어기조사	
① 기본형	妻子 Qīzi	很 hěn	幸福。 xìngfú.		아내는 매우 행복하다.
② 부정하기	妻子 Qīzi	不 bú	幸福。 xìngfú.		아내는 행복하지 않다.
③ 물어보기	妻子 Qīzi		幸福 xìngfú	吗? ma?	아내는 행복해하니?
④ 정반의문	妻子 Qīzi	幸不幸福? xìng bu xìngfú ?			아내는 행복해하니, 안 하니?
⑤ 정도부사	妻子 Qīzi	十分 shífēn	幸福。 xìngfú.		아내는 아주 행복해한다.

★주어 妻子를 아래 단어로 바꾸어 연습해 보세요. 085 B

妻子 qīzi 아내 ▶ 丈夫 zhàngfu 남편 | 父母 fùmǔ 부모님

복습하기

단어와 문장을 떠올려보세요.

1. 기본형 妻子很 　　。 Qīzi hěn ______.
2. 부정하기 妻子不 　　。 Qīzi ____ ______.
3. 물어보기 妻子 　　吗? Qīzi ______ ____?
4. 정반의문 妻子 　　? Qīzi ____________?
5. 정도부사 妻子十分 　　。 Qīzi ______ ______.

체크하기

085 C

단어와 문장을 확인해보세요.

☑ 남편은 매우 행복하다.

☐ 丈夫很幸福。
Zhàngfu hěn xìngfú.

☐ 남편은 행복하지 않다.

☐ 丈夫不幸福。
Zhàngfu bú xìngfú.

☐ 남편은 행복해하니?

☐ 丈夫幸福吗?
Zhàngfu xìngfú ma?

☐ 남편은 행복해하니, 안 하니?

☐ 丈夫幸不幸福?
Zhàngfu xìng bu xìngfú?

☐ 남편은 아주 행복해한다.

☐ 丈夫十分幸福。
Zhàngfu shífēn xìngfú.

☐ 부모님은 매우 행복하다.

☐ 父母很幸福。
Fùmǔ hěn xìngfú.

☐ 부모님은 행복하지 않다.

☐ 父母不幸福。
Fùmǔ bú xìngfú.

☐ 부모님은 행복해하시니?

☐ 父母幸福吗?
Fùmǔ xìngfú ma?

☐ 부모님은 행복해하시니, 안 하시니?

☐ 父母幸不幸福?
Fùmǔ xìng bu xìngfú?

☐ 부모님은 아주 행복해하신다.

☐ 父母十分幸福。
Fùmǔ shífēn xìngfú.

배운 것을 연습해 보아요!

1. 배운 단어의 한자와 한어병음을 적어보세요.

뜻	한자	한어병음
❶ 기뻐하다		
❷ 만족하다		
❸ 긴장하다		
❹ 슬퍼하다		
❺ 행복하다		

2. 다음 문장의 틀린 부분을 바르게 고쳐보세요.

❶ 儿子十分高兴吗？ 아들은 아주 기뻐한다. ▶ ______

❷ 顾客满意不吗？ 고객은 만족스러워하니? ▶ ______

❸ 新职员很紧不紧张？ 신입직원은 긴장했니, 안 했니? ▶ ______

❹ 他难过不吗？ 그는 슬퍼하지 않는다. ▶ ______

❺ 妻子很十分幸福。 아내는 아주 행복해한다. ▶ ______

3. 다음 문장의 한어병음과 뜻을 적어보세요.

❶ 妻子十分高兴。 ▶ ______

❷ 成绩满不满意？ ▶ ______

❸ 服务员不紧张。 ▶ ______

❹ 朋友很难过。 ▶ ______

❺ 丈夫幸福吗？ ▶ ______

선생님의 노트!

❶ 정도부사 十分

정도부사 十分 는 '매우, 대단히' 라는 뜻으로, 형용사 앞에서 정도를 강조하는 부사어이다.

예문 儿子十分高兴。Érzi shífēn gāoxìng. 아들이 아주 기뻐한다.

顾客十分满意。Gùkè shífēn mǎnyì. 고객은 아주 만족스러워한다.

❷ 회화에 자주 나오는 직업 명사

老师 lǎoshī 선생님

老板 lǎobǎn 사장님

服务员 fúwùyuán 종업원

大夫 dàifu 의사

设计师 shèjìshī 디자이너

运动员 yùndòngyuán 운동선수

主持人 zhǔchírén 사회자, MC

学生 xuéshēng 학생

上班族 shàngbānzú 회사원

医生 yīshēng 의사

护士 hùshi 간호사

美容师 měiróngshī 미용사

播音员 bōyīnyuán 아나운서

❸ 회화에 자주 나오는 심리상태 형용사와 동사

심리상태 형용사

开心 kāixīn 기쁘다
幸福 xìngfú 행복하다
讨厌 tǎoyàn 싫다, 얄밉다
愉快 yúkuài 유쾌하다
痛快 tòngkuài 통쾌하다
难受 nánshòu 슬프다

심리상태 동사

爱 ài 사랑하다
想 xiǎng 보고싶다
希望 xīwàng 희망하다
吃惊 chījīng 놀라다
害羞 hàixiū 부끄러워하다
喜欢 xǐhuan 좋아하다
感动 gǎndòng 감동하다
伤心 shāngxīn 상심하다
担心 dānxīn 걱정하다

MEMO

형용사

086 ~ 090

부사 "最"를 활용한 문장!
"알리페이가 가장 편리해!"

미리보기

重要	方便	简单	有名	聪明
zhòngyào	fāngbiàn	jiǎndān	yǒumíng	cōngming
중요하다	편리하다	간단하다	유명하다	똑똑하다

086A

086 重要 중요하다

zhòngyào

관형어 주어 부사어 술어 어기조사

① 기본형 这份 报告 很 重要。
Zhè fèn bàogào hěn zhòngyào.
▸ 이 보고서는 매우 중요하다.
份 fèn은 보고서 · 자료 등 세트로 배합되어 있는 것을 세는 양사예요.

② 부정하기 这份 报告 不 重要。
Zhè fèn bàogào bú zhòngyào.
▸ 이 보고서는 중요하지 않다.

③ 물어보기 这份 报告 重要 吗?
Zhè fèn bàogào zhòngyào ma?
▸ 이 보고서는 중요하니?

④ 정반의문 这份 报告 重不重要?
Zhè fèn bàogào zhòng bu zhòngyào?
▸ 이 보고서는 중요하니, 안 중요하니?

⑤ 정도부사 这份 报告 最 重要。
Zhè fèn bàogào zuì zhòngyào.
▸ 이 보고서가 가장 중요하다.
最는 '가장', '제일'이라는 뜻으로 최상급을 나타내는 부사예요.

★주어 这份报告를 아래 단어로 바꾸어 연습해 보세요. 086B

这份报告 zhè fèn bàogào 이 보고서

▸ 这次考试 zhè cì kǎoshì 이번 시험 这次发表 zhè cì fābiǎo 이번 발표

✚ 次 cì는 차례 · 횟수를 세는 양사이다.

복습하기

1. 기본형 这份报告很______。 Zhè fèn bàogào hěn ______.
2. 부정하기 这份报告不______。 Zhè fèn bàogào ____ ______.
3. 물어보기 这份报告______吗? Zhè fèn bàogào ______ ____?
4. 정반의문 这份报告______? Zhè fèn bàogào ______________?
5. 정도부사 这份报告最______。 Zhè fèn bàogào ____ ______.

체크하기

086 C

☑ 이번 시험은 매우 중요하다. □ 这次考试很重要。 Zhè cì kǎoshì hěn zhòngyào.

□ 이번 시험은 중요하지 않다. □ 这次考试不重要。 Zhè cì kǎoshì bú zhòngyào.

□ 이번 시험은 중요하니? □ 这次考试重要吗? Zhè cì kǎoshì zhòngyào ma?

□ 이번 시험은 중요하니, 안 중요하니? □ 这次考试重不重要? Zhè cì kǎoshì zhòng bu zhòngyào?

□ 이번 시험이 가장 중요하다. □ 这次考试最重要。 Zhè cì kǎoshì zuì zhòngyào.

□ 이번 발표는 매우 중요하다. □ 这次发表很重要。 Zhè cì fābiǎo hěn zhòngyào.

□ 이번 발표는 중요하지 않다. □ 这次发表不重要。 Zhè cì fābiǎo bú zhòngyào.

□ 이번 발표는 중요하니? □ 这次发表重要吗? Zhè cì fābiǎo zhòngyào ma?

□ 이번 발표는 중요하니, 안 중요하니? □ 这次发表重不重要? Zhè cì fābiǎo zhòng bu zhòngyào?

□ 이번 발표가 가장 중요하다. □ 这次发表最重要。 Zhè cì fābiǎo zuì zhòngyào.

087

方便 편리하다

fāngbiàn

087A

	주어	부사어	술어	어기조사	
① 기본형	支付宝 Zhīfùbǎo	很 hěn	方便。 fāngbiàn.		알리페이는 매우 편리하다. 支付宝(알리페이) 모바일 전자결제 앱. 중국의 인터넷뱅킹으로, 매우 대중적인 결제방식이에요.
② 부정하기	支付宝 Zhīfùbǎo	不 bù	方便。 fāngbiàn.		알리페이는 편리하지 않다.
③ 물어보기	支付宝 Zhīfùbǎo		方便 fāngbiàn	吗? ma?	알리페이는 편리하니?
④ 정반의문	支付宝 Zhīfùbǎo		方不方便? fāng bù fāngbiàn?		알리페이는 편리하니, 안 편리하니?
⑤ 정도부사	支付宝 Zhīfùbǎo	最 zuì	方便。 fāngbiàn.		알리페이가 가장 편리하다.

★주어 支付宝를 아래 단어로 바꾸어 연습해 보세요. 087B

支付宝 zhīfùbǎo 알리페이 ▶ 网上购物 wǎngshàng gòuwù 인터넷 쇼핑

淘宝 táobǎo 타오바오(중국 최대 인터넷 경매 사이트)

복습하기

단어와 문장을 떠올려보세요.

1. 기본형 支付宝很 ______。 Zhīfùbǎo hěn ______.
2. 부정하기 支付宝不 ______。 Zhīfùbǎo ______ ______.
3. 물어보기 支付宝 ______ 吗? Zhīfùbǎo ______ ______?
4. 정반의문 支付宝 ______? Zhīfùbǎo ______?
5. 정도부사 支付宝最 ______。 Zhīfùbǎo ______ ______.

체크하기

087 C

단어와 문장을 확인해보세요.

☑ 인터넷 쇼핑은 매우 편리하다. □ 网上购物很方便。 Wǎngshàng gòuwù hěn fāngbiàn.

□ 인터넷 쇼핑은 편리하지 않다. □ 网上购物不方便。 Wǎngshàng gòuwù bù fāngbiàn.

□ 인터넷 쇼핑은 편리하니? □ 网上购物方便吗? Wǎngshàng gòuwù fāngbiàn ma?

□ 인터넷 쇼핑은 편리하니, 안 편리하니? □ 网上购物方不方便? Wǎngshàng gòuwù fāng bu fāngbiàn?

□ 인터넷 쇼핑이 가장 편리하다. □ 网上购物最方便。 Wǎngshàng gòuwù zuì fāngbiàn.

□ 타오바오는 매우 편리하다. □ 淘宝很方便。 Táobǎo hěn fāngbiàn.

□ 타오바오는 편리하지 않다. □ 淘宝不方便。 Táobǎo bù fāngbiàn.

□ 타오바오는 중요하니? □ 淘宝方便吗? Táobǎo fāngbiàn ma?

□ 타오바오는 편리하니, 안 편리하니? □ 淘宝方不方便? Táobǎo fāng bu fāngbiàn?

□ 타오바오가 가장 편리하다. □ 淘宝最方便。 Táobǎo zuì fāngbiàn.

088 简单 간단하다
jiǎndān

088A

관형어 / 주어 / 부사어 / 술어 / 어기조사

① 기본형 这种 方法 很 简单。
Zhè zhǒng fāngfǎ hěn jiǎndān.
▶ 이 방법은 매우 간단하다.
种 zhǒng은 종류를 세는 양사예요.

② 부정하기 这种 方法 不 简单。
Zhè zhǒng fāngfǎ bù jiǎndān.
▶ 이 방법은 간단하지 않다.

③ 물어보기 这种 方法 简单 吗?
Zhè zhǒng fāngfǎ jiǎndān ma?
▶ 이 방법은 간단하니?

④ 정반의문 这种 方法 简不简单?
Zhè zhǒng fāngfǎ jiǎn bu jiǎndān?
▶ 이 방법은 간단하니, 안 간단하니?

⑤ 정도부사 这种 方法 最 简单。
Zhè zhǒng fāngfǎ zuì jiǎndān.
▶ 이 방법이 가장 간단하다.

★주어 这种方法를 아래 단어로 바꾸어 연습해 보세요. 088 B

这种方法 zhè zhǒng fāngfǎ 이 방법

▶ 这件事情 zhè jiàn shìqing 이 일 　这道题 zhè dào tí 이 문제

✚ 件은 일 · 사건을 세는 양사, 道는 문제를 세는 양사이다.

복습하기

단어와 문장을
떠올려보세요.

1. 기본형 这种方法很 ______。 Zhè zhǒng fāngfǎ hěn ______.

2. 부정하기 这种方法不 ______。 Zhè zhǒng fāngfǎ ______ ______.

3. 물어보기 这种方法 ______ 吗? Zhè zhǒng fāngfǎ ______ ______?

4. 정반의문 这种方法 ______? Zhè zhǒng fāngfǎ ______?

5. 정도부사 这种方法最 ______。 Zhè zhǒng fāngfǎ ______ ______.

체크하기

088 C

단어와 문장을
확인해보세요.

☑ 이 일은 매우 간단하다. ☐ 这件事情很简单。 Zhè jiàn shìqing hěn jiǎndān.

☐ 이 일은 간단하지 않다. ☐ 这件事情不简单。 Zhè jiàn shìqing bù jiǎndān.

☐ 이 일은 간단하니? ☐ 这件事情简单吗? Zhè jiàn shìqing jiǎndān ma?

☐ 이 일은 간단하니, 안 간단하니? ☐ 这件事情简不简单? Zhè jiàn shìqing jiǎn bu jiǎndān?

☐ 이 일이 가장 간단하다. ☐ 这件事情最简单。 Zhè jiàn shìqing zuì jiǎndān.

☐ 이 문제는 매우 간단하다. ☐ 这道题很简单。 Zhè dào tí hěn jiǎndān.

☐ 이 문제는 간단하지 않다. ☐ 这道题不简单。 Zhè dào tí bù jiǎndān.

☐ 이 문제는 간단하니? ☐ 这道题简单吗? Zhè dào tí jiǎndān ma?

☐ 이 문제는 간단하니, 안 간단하니? ☐ 这道题简不简单? Zhè dào tí jiǎn bu jiǎndān?

☐ 이 문제가 가장 간단하다. ☐ 这道题最简单。 Zhè dào tí zuì jiǎndān.

089 有名 유명하다

yǒumíng

089A

주어 / 부사어 / 술어 / 어기조사

① 기본형
韩国炒年糕 很 有名。
Hánguó chǎoniángāo hěn yǒumíng.
▶ 한국 떡볶이는 매우 유명하다.

② 부정하기
韩国炒年糕 没 有名。
Hánguó chǎoniángāo méi yǒumíng.
▶ 한국 떡볶이는 유명하지 않다.

③ 물어보기
韩国炒年糕 有名 吗?
Hánguó chǎoniángāo yǒumíng ma?
▶ 한국 떡볶이는 유명하니?

④ 정반의문
韩国炒年糕 有没有名?
Hánguó chǎoniángāo yǒu méi yǒumíng?
▶ 한국 떡볶이는 유명하니, 안 유명하니?

⑤ 정도부사
韩国炒年糕 最 有名。
Hánguó chǎoniángāo zuì yǒumíng.
▶ 한국 떡볶이가 가장 유명하다.

★주어 韩国炒年糕를 아래 단어로 바꾸어 연습해 보세요. 089 B

韩国炒年糕 Hánguó chǎoniángāo 한국 떡볶이

▶ 这本小说 zhè běn xiǎoshuō 이 소설 / 这个作家 zhè ge zuòjiā 이 작가

복습하기

단어와 문장을 떠올려보세요.

1. 기본형 韩国炒年糕很 ____。 Hánguó chǎoniángāo hěn ________.
2. 부정하기 韩国炒年糕没 ____。 Hánguó chǎoniángāo ____ ________.
3. 물어보기 韩国炒年糕 ____ 吗? Hánguó chǎoniángāo ________ ____?
4. 정반의문 韩国炒年糕 ____ ? Hánguó chǎoniángāo ________________?
5. 정도부사 韩国炒年糕最 ____。 Hánguó chǎoniángāo ____ ________.

체크하기

089 C

단어와 문장을 확인해보세요.

☑ 이 소설은 매우 유명하다.	☐ 这本小说很有名。 Zhè běn xiǎoshuō hěn yǒumíng.
☐ 이 소설은 유명하지 않다.	☐ 这本小说没有名。 Zhè běn xiǎoshuō méi yǒumíng.
☐ 이 소설은 유명하니?	☐ 这本小说有名吗? Zhè běn xiǎoshuō yǒumíng ma?
☐ 이 소설은 유명하니, 안 유명하니?	☐ 这本小说有没有名? Zhè běn xiǎoshuō yǒu méi yǒumíng?
☐ 이 소설이 가장 유명하다.	☐ 这本小说最有名。 Zhè běn xiǎoshuō zuì yǒumíng.
☐ 이 작가는 매우 유명하다.	☐ 这个作家很有名。 Zhè ge zuòjiā hěn yǒumíng.
☐ 이 작가는 유명하지 않다.	☐ 这个作家没有名。 Zhè ge zuòjiā méi yǒumíng.
☐ 이 작가는 유명하니?	☐ 这个作家有名吗? Zhè ge zuòjiā yǒumíng ma?
☐ 이 작가는 유명하니, 안 유명하니?	☐ 这个作家有没有名? Zhè ge zuòjiā yǒu méi yǒumíng?
☐ 이 작가가 제일 유명하다.	☐ 这个作家最有名。 Zhè ge zuòjiā zuì yǒumíng.

090 聪明 똑똑하다

cōngming

090A

	주어	부사어	술어	어기조사	
① 기본형	儿子 Érzi	很 hěn	聪明。 cōngming.		▸ 아들은 매우 똑똑하다.
② 부정하기	儿子 Érzi	不 bù	聪明。 cōngming.		▸ 아들은 똑똑하지 않다.
③ 물어보기	儿子 Érzi		聪明 cōngming	吗? ma?	▸ 아들은 똑똑하니?
④ 정반의문	儿子 Érzi	聪不聪明? cōng bu cōngming?			▸ 아들은 똑똑하니, 안 똑똑하니?
⑤ 정도부사	儿子 Érzi	最 zuì	聪明。 cōngming.		▸ 아들이 가장 똑똑하다.

★주어 儿子를 아래 단어로 바꾸어 연습해 보세요. 090B

儿子 érzi 아들 ▸ 女儿 nǚ'ér 딸 | 我的孩子 wǒ de háizi 우리 아이

복습하기

단어와 문장을 떠올려보세요.

1. 기본형 儿子很 ____。 Érzi hěn ________.

2. 부정하기 儿子不 ____。 Érzi ____ ________.

3. 물어보기 儿子 ____ 吗? Érzi ________ ____?

4. 정반의문 儿子 ____? Érzi ________________?

5. 정도부사 儿子最 ____。 Érzi ____ ________.

체크하기

단어와 문장을 확인해보세요.

090 C

☑ 딸은 매우 똑똑하다. ☐ 女儿很聪明。
Nǚ'ér hěn cōngming.

☐ 딸은 똑똑하지 않다. ☐ 女儿不聪明。
Nǚ'ér bù cōngming.

☐ 딸은 똑똑하니? ☐ 女儿聪明吗?
Nǚ'ér cōngming ma?

☐ 딸은 똑똑하니, 안 똑똑하니? ☐ 女儿聪不聪明?
Nǚ'ér cōng bu cōngming?

☐ 딸이 가장 똑똑하다. ☐ 女儿最聪明。
Nǚ'ér zuì cōngming.

☐ 우리 아이는 매우 똑똑하다. ☐ 我的孩子很聪明。
Wǒ de háizi hěn cōngming.

☐ 우리 아이는 똑똑하지 않다. ☐ 我的孩子不聪明。
Wǒ de háizi bù cōngming.

☐ 너희 아이는 똑똑하니? ☐ 你的孩子聪明吗?
Nǐ de háizi cōngming ma?

☐ 너희 아이는 똑똑하니, 안 똑똑하니? ☐ 你的孩子聪不聪明?
Nǐ de háizi cōng bu cōngming?

☐ 우리 아이가 가장 똑똑하다. ☐ 我的孩子最聪明。
Wǒ de háizi zuì cōngming.

배운 것을 연습해 보아요!

1. 배운 단어의 한자와 한어병음을 적어보세요.

	뜻	한자	한어병음
❶	중요하다		
❷	편리하다		
❸	간단하다		
❹	유명하다		
❺	똑똑하다		

2. 다음 문장의 틀린 부분을 바르게 고쳐보세요.

❶ 这份报告很重要。 이 보고서는 중요하지 않다. ▶ ____________

❷ 网上购物方不方便吗? 인터넷 쇼핑은 편리하니? ▶ ____________

❸ 儿子很聪明。 아들이 가장 똑똑하다. ▶ ____________

❹ 这种方法很简单。 이 방법이 가장 간단하다. ▶ ____________

❺ 这本小说最有没有名。 이 소설은 유명하니, 안 유명하니? ▶ ____________

3. 다음 문장의 한어병음과 뜻을 적어보세요.

❶ 这次发表很重要。 ▶ ____________

❷ 支付宝方便吗? ▶ ____________

❸ 这道题简不简单? ▶ ____________

❹ 这本小说最有名。 ▶ ____________

❺ 我的孩子最聪明。 ▶ ____________

선생님의 노트!

❶ 정도부사 最

정도부사 最 는 '가장' 이라는 뜻으로, 형용사 앞에서 최상급을 나타내는 부사이다.

❷ 양사 次·份·件·种·道

(1) 次 cì 차례나 횟수를 세는 단위

예 这次考试 zhè cì kǎoshì 이번 시험　　这次会议 zhè cì huìyì 이번 회의

(2) 份 fèn 배합하여 세트가 되는 것을 세는 단위

예 这份报告 zhè fèn bàogào 이 보고서　　这份资料 zhè fèn zīliào 이 자료

(3) 件 jiàn 일이나 사건을 세는 단위

예 这件事 zhè jiàn shì 이 일　　这件事情 zhè jiàn shìqíng 이 사건

(4) 种 zhǒng 종류를 세는 단위

예 这种方法 zhè zhǒng fāngfǎ 이 방법　　这种意见 zhè zhǒng yìjiàn 이 의견

(5) 道 dào 명령이나 문제, 줄기나 가닥을 세는 단위

예 这道题 zhè dào tí 이 문제　　这道菜红 zhè dào càihóng 이 무지개

③ 반의어 알아보기

重要 zhòngyào 중요하다 ⇔ 不重要 bú zhòngyào 중요하지 않다

方便 fāngbiàn 편리하다 ⇔ 不方便 bù fāngbiàn 不便 búbiàn 불편하다

聪明 cōngming 똑똑하다 ⇔ 笨 bèn 멍청하다

简单 jiǎndān 간단하다 ⇔ 复杂 fùzá 복잡하다

MEMO

형용사

091 ~ 095

부사 "不太"를 활용한 문장!
"신입사원은 그다지 성실하지 않아."

미리보기

疼	好	认真	细心	健康
téng	hǎo	rènzhēn	xìxīn	jiànkāng
아프다	좋다	성실하다	세심하다	건강하다

091 091A

疼 아프다
téng

	주어	부사어	술어	어기조사	
① 기본형	胃 Wèi	很 hěn	疼。téng.		위가 매우 아프다.
② 부정하기	胃 Wèi	不 bù	疼。téng.		위가 아프지 않다.
③ 물어보기	胃 Wèi		疼 téng	吗? ma?	위가 아프니?
④ 정반의문	胃 Wèi		疼不疼? téng bu téng?		위가 아프니, 안 아프니?
⑤ 정도부사	胃 Wèi	不太 bútài	疼。téng.		위가 그다지 아프지 않다. 不太는 '그다지 …하지 않다'라는 의미를 가진 정도부사예요.

★주어 胃를 아래 단어로 바꾸어 연습해 보세요. 091B

胃 wèi 위 ▶ 腰 yāo 허리 头 tóu 머리

복습하기

단어와 문장을
떠올려보세요.

1. 기본형 胃很 ___。 Wèi hěn ______.
2. 부정하기 胃不 ___。 Wèi ___ ______.
3. 물어보기 胃 ___ 吗? Wèi ______ ____?
4. 정반의문 胃 ______? Wèi ______________?
5. 정도부사 胃不太 ___。 Wèi ______ téng.

체크하기

단어와 문장을
확인해보세요.

091C

☑ 허리가 매우 아프다.	□ 腰很疼。 Yāo hěn téng.
□ 허리가 아프지 않다.	□ 腰不疼。 Yāo bù téng.
□ 허리가 아프니?	□ 腰疼吗? Yāo téng ma?
□ 허리가 아프니, 안 아프니?	□ 腰疼不疼? Yāo téng bu téng?
□ 허리가 그다지 아프지 않다.	□ 腰不太疼。 Yāo bútài téng.
□ 머리가 매우 아프다.	□ 头很疼。 Tóu hěn téng.
□ 머리가 아프지 않다.	□ 头不疼。 Tóu bù téng.
□ 머리가 아프니?	□ 头疼吗? Tóu téng ma?
□ 머리가 아프니, 안 아프니?	□ 头疼不疼? Tóu téng bu téng?
□ 머리가 그다지 아프지 않다.	□ 头不太疼。 Tóu bútài téng.

092

好 좋다

hǎo

092A

	주어	부사어	술어	어기조사	
① 기본형	成绩 Chéngjì	很 hěn	好。 hǎo.		▸ 성적이 매우 좋다.
② 부정하기	成绩 Chéngjì	不 bù	好。 hǎo.		▸ 성적이 좋지 않다.
③ 물어보기	成绩 Chéngjì		好 hǎo	吗? ma?	▸ 성적이 좋니?
④ 정반의문	成绩 Chéngjì		好不好? hǎo bu hǎo?		▸ 성적이 좋니, 안 좋니?
⑤ 정도부사	成绩 Chéngjì	不太 bútài	好。 hǎo.		▸ 성적이 그다지 좋지 않다.

★주어 成绩를 아래 단어로 바꾸어 연습해 보세요. 092B

成绩 chéngjì 성적 ▶ 关系 guānxi 관계 | 空气 kōngqì 공기

복습하기

단어와 문장을
떠올려보세요.

1. 기본형 成绩很 　。 Chéngjì hěn ____.
2. 부정하기 成绩不 　。 Chéngjì ____ ____.
3. 물어보기 成绩 　吗? Chéngjì ____ ____?
4. 정반의문 成绩 　? Chéngjì ________?
5. 정도부사 成绩不太 　。 Chéngjì ____ ____.

체크하기

단어와 문장을
확인해보세요.

092 C

☑ 관계가 매우 좋다.	□ 关系很好。 Guānxi hěn hǎo.
□ 관계가 좋지 않다.	□ 关系不好。 Guānxi bù hǎo.
□ 관계가 좋니?	□ 关系好吗? Guānxi hǎo ma?
□ 관계가 좋니, 안 좋니?	□ 关系好不好? Guānxi hǎo bu hǎo?
□ 관계가 그다지 좋지 않다.	□ 关系不太好。 Guānxi bútài hǎo.
□ 공기가 매우 좋다.	□ 空气很好。 Kōngqì hěn hǎo.
□ 공기가 좋지 않다.	□ 空气不好。 Kōngqì bù hǎo.
□ 공기가 좋니?	□ 空气好吗? Kōngqì hǎo ma?
□ 공기가 좋니, 안 좋니?	□ 空气好不好? Kōngqì hǎo bu hǎo?
□ 공기가 그다지 좋지 않다.	□ 空气不太好。 Kōngqì bútài hǎo.

093 **认真** 성실하다

rènzhēn

093A

	주어	부사어	술어	어기조사	
① 기본형	新职员 Xīn zhíyuán	很 hěn	认真。 rènzhēn.		▸ 신입사원은 매우 성실하다.
② 부정하기	新职员 Xīn zhíyuán	不 bú	认真。 rènzhēn.		▸ 신입사원은 성실하지 않다.
③ 물어보기	新职员 Xīn zhíyuán		认真 rènzhēn	吗? ma?	▸ 신입사원은 성실하니?
④ 정반의문	新职员 Xīn zhíyuán		认不认真? rèn bu rènzhēn?		▸ 신입사원은 성실하니, 안 성실하니?
⑤ 정도부사	新职员 Xīn zhíyuán	不太 bútài	认真。 rènzhēn.		▸ 신입사원은 그다지 성실하지 않다.

★주어 新职员을 아래 단어로 바꾸어 연습해 보세요. 093B

新职员 xīn zhíyuán 신입사원

▸ 金部长 Jīn bùzhǎng 김 부장님 服务员 fúwùyuán 종업원

복습하기

단어와 문장을
떠올려보세요.

1. 기본형 新职员很 _______。 Xīn zhíyuán hěn _______.

2. 부정하기 新职员不 _______。 Xīn zhíyuán ___ _______.

3. 물어보기 新职员 _______ 吗? Xīn zhíyuán _______ ___?

4. 정반의문 新职员 _______? Xīn zhíyuán _______________?

5. 정도부사 新职员不太 _______。 Xīn zhíyuán _____ _______.

체크하기

093 C

단어와 문장을
확인해보세요.

☑ 김 부장님은 매우 성실하다. ☐ 金部长很认真。
Jīn bùzhǎng hěn rènzhēn.

☐ 김 부장님은 성실하지 않다. ☐ 金部长不认真。
Jīn bùzhǎng bú rènzhēn.

☐ 김 부장님은 성실하니? ☐ 金部长认真吗?
Jīn bùzhǎng rènzhēn ma?

☐ 김 부장님은 성실하니, 안 성실하니? ☐ 金部长认不认真?
Jīn bùzhǎng rèn bu rènzhēn?

☐ 김 부장님은 그다지 성실하지 않다. ☐ 金部长不太认真。
Jīn bùzhǎng bútài rènzhēn.

☐ 종업원은 매우 성실하다. ☐ 服务员很认真。
Fúwùyuán hěn rènzhēn.

☐ 종업원은 성실하지 않다. ☐ 服务员不认真。
Fúwùyuán bú rènzhēn.

☐ 종업원은 성실하니? ☐ 服务员认真吗?
Fúwùyuán rènzhēn ma?

☐ 종업원은 성실하니, 안 성실하니? ☐ 服务员认不认真?
Fúwùyuán rèn bu rènzhēn?

☐ 종업원은 그다지 성실하지 않다. ☐ 服务员不太认真。
Fúwùyuán bútài rènzhēn.

094A

094 细心 세심하다

xìxīn

주어 | 부사어 | 술어 | 어기조사

① 기본형

领导 很 细心。

Língdǎo hěn xìxīn.

▶ 상사는 매우 세심하다.

② 부정하기

领导 不 细心。

Língdǎo bú xìxīn.

▶ 상사는 세심하지 않다.

③ 물어보기

领导 细心 吗?

Língdǎo xìxīn ma?

▶ 상사는 세심하니?

④ 정반의문

领导 细不细心?

Língdǎo xì bu xìxīn?

▶ 상사는 세심하니, 안 세심하니?

⑤ 정도부사

领导 不太 细心。

Língdǎo bútài xìxīn.

▶ 상사는 그다지 세심하지 않다.

★주어 领导를 아래 단어로 바꾸어 연습해 보세요. 094B

领导 língdǎo 상사 ▶ 老师 lǎoshī 선생님 | 男朋友 nánpéngyou 남자친구

복습하기

단어와 문장을
떠올려보세요.

1. 기본형 **领导很** 。 Lǐngdǎo hěn _____.

2. 부정하기 **领导不** 。 Lǐngdǎo ____ _____.

3. 물어보기 **领导** **吗?** Lǐngdǎo _____ ___?

4. 정반의문 **领导** **?** Lǐngdǎo _____?

5. 정도부사 **领导不太** 。 Lǐngdǎo _____ _____.

체크하기

 094 C

단어와 문장을
확인해보세요.

☑ 선생님은 매우 세심하다. □ **老师很细心。**
 Lǎoshī hěn xìxīn.

□ 선생님은 세심하지 않다. □ **老师不细心。**
 Lǎoshī bú xìxīn.

□ 선생님은 세심하니? □ **老师细心吗?**
 Lǎoshī xìxīn ma?

□ 선생님은 세심하니, 안 세심하니? □ **老师细不细心?**
 Lǎoshī xì bu xìxīn?

□ 선생님은 그다지 세심하지 않다. □ **老师不太细心。**
 Lǎoshī bútài xìxīn.

□ 남자친구는 매우 세심하다. □ **男朋友很细心。**
 Nánpéngyou hěn xìxīn.

□ 남자친구는 세심하지 않다. □ **男朋友不细心。**
 Nánpéngyou bú xìxīn.

□ 남자친구는 세심하니? □ **男朋友细心吗?**
 Nánpéngyou xìxīn ma?

□ 남자친구는 세심하니, 안 세심하니? □ **男朋友细不细心?**
 Nánpéngyou xì bu xìxīn?

□ 남자친구는 그다지 세심하지 않다. □ **男朋友不太细心。**
 Nánpéngyou bútài xìxīn.

095A

095 健康 건강하다

jiànkāng

	주어	부사어	술어	어기조사	
① 기본형	奶奶 Nǎinai	很 hěn	健康。 jiànkāng.		▸ 할머니는 매우 건강하다.
② 부정하기	奶奶 Nǎinai	不 bú	健康。 jiànkāng.		▸ 할머니는 건강하지 않다.
③ 물어보기	奶奶 Nǎinai		健康 jiànkāng	吗? ma?	▸ 할머니는 건강하시니?
④ 정반의문	奶奶 Nǎinai		健不健康? jiàn bu jiànkāng?		▸ 할머니는 건강하시니, 안 건강하시니?
⑤ 정도부사	奶奶 Nǎinai	不太 bútài	健康。 jiànkāng.		▸ 할머니는 그다지 건강하지 않다.

★주어 奶奶를 아래 단어로 바꾸어 연습해 보세요. 095 B

奶奶 nǎinai 할머니 ▶ 爸爸 bàba 아빠 孩子 háizi 아이

복습하기

단어와 문장을 떠올려보세요.

1. 기본형 奶奶很　　　　。 Nǎinai hěn ________.
2. 부정하기 奶奶不　　　　。 Nǎinai ____ ________.
3. 물어보기 奶奶　　　　吗? Nǎinai ________ ____?
4. 정반의문 奶奶　　　　　　? Nǎinai ____________?
5. 정도부사 奶奶不太　　　　。 Nǎinai ______ ________.

체크하기

095 C

단어와 문장을 확인해보세요.

- ☑ 아빠는 매우 건강하다. — ☐ 爸爸很健康。 Bàba hěn jiànkāng.
- ☐ 아빠는 건강하지 않다. — ☐ 爸爸不健康。 Bàba bú jiànkāng.
- ☐ 아빠는 건강하시니? — ☐ 爸爸健康吗? Bàba jiànkāng ma?
- ☐ 아빠는 건강하시니, 안 건강하시니? — ☐ 爸爸健不健康? Bàba jiàn bu jiànkāng?
- ☐ 아빠는 그다지 건강하지 않다. — ☐ 爸爸不太健康。 Bàba bútài jiànkāng.

- ☐ 아이는 매우 건강하다. — ☐ 孩子很健康。 Háizi hěn jiànkāng.
- ☐ 아이는 건강하지 않다. — ☐ 孩子不健康。 Háizi bú jiànkāng.
- ☐ 아이는 건강하니? — ☐ 孩子健康吗? Háizi jiànkāng ma?
- ☐ 아이는 건강하니, 안 건강하니? — ☐ 孩子健不健康? Háizi jiàn bu jiànkāng?
- ☐ 아이는 그다지 건강하지 않다. — ☐ 孩子不太健康。 Háizi bútài jiànkāng.

배운 것을 연습해 보아요!

1. 배운 단어의 한자와 한어병음을 적어보세요.

뜻	한자	한어병음
❶ 아프다		
❷ 좋다		
❸ 성실하다		
❹ 세심하다		
❺ 건강하다		

2. 다음 문장의 틀린 부분을 바르게 고쳐보세요.

❶ 胃不疼。 위가 매우 아프다. ▶ ____________________

❷ 好不好关系? 관계가 좋니, 안 좋니? ▶ ____________________

❸ 金部长不认真。 김 부장님은 매우 성실하다. ▶ ____________________

❹ 领导很细心。 상사는 그다지 세심하지 않다. ▶ ____________________

❺ 奶奶不健康吗? 할머니는 건강하시니? ▶ ____________________

3. 다음 문장의 한어병음과 뜻을 적어보세요.

❶ 腰疼不疼? ▶ ____________________

❷ 空气好不好? ▶ ____________________

❸ 新职员不太认真。 ▶ ____________________

❹ 老师很细心。 ▶ ____________________

❺ 爸爸健不健康? ▶ ____________________

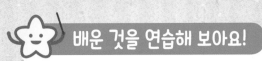

형용사
096 ~ 100

"형용사 구문"을 활용한 문장!
"날씨가 점점 더워지네."

미리보기

又A又B yòu A yòu B A하기도 하고 B하기도 하다	越来越 yuèláiyuè 점점 더, 갈수록	一点儿也不…… yìdiǎnr yě bù... 조금도 … 하지 않다
看起来…… kànqǐlái... 보아하니, 보기에 …하다	不A也不B bù A yě bù B A하지도 B 하지도 않다	

096A

096 又 A 又 B A하기도 하고 B하기도 하다

yòu　yòu

주어	부사어1	술어1	부사어2	술어2	
① 他 Tā	又 yòu	矮 ǎi	又 yòu	胖。 pàng.	▸ 그는 키가 작고 뚱뚱하다.
② 儿子 Érzi	又 yòu	高 gāo	又 yòu	帅。 shuài.	▸ 아들은 키가 크고 잘생겼다.
③ 箱子 Xiāngzi	又 yòu	大 dà	又 yòu	重。 zhòng.	▸ 상자가 크고 무겁다.
④ 词典 Cídiǎn	又 yòu	轻 qīng	又 yòu	薄。 báo.	▸ 사전이 가볍고 얇다.
⑤ 饼干 Bǐnggān	又 yòu	甜 tián	又 yòu	好吃。 hàochī.	▸ 과자가 달고 맛있다.

선생님의 노트!

'又 A 又 B' 는 'A하기도 하고 B하기도 하다'라는 의미로, A와 B 자리에는 형용사가 들어가요. 만약 A가 긍정의 의미라면, B도 긍정의 의미를 써야 하고, A가 부정의 의미라면, B도 부정의 의미를 써야 해요. A와 B 자리에는 상반된 단어를 쓸 수 없답니다.

097

097A

越来越 점점 더, 갈수록

yuèláiyuè

주어	부사어	술어	
① 他 Tā	越来越 yuèláiyuè	胖。 pàng.	▶ 그는 점점 더 뚱뚱해진다.
② 天气 Tiānqì	越来越 yuèláiyuè	热。 rè.	▶ 날씨가 점점 더 더워진다.
③ 质量 Zhìliàng	越来越 yuèláiyuè	好。 hǎo.	▶ 품질이 점점 더 좋아진다.
④ 工作 Gōngzuò	越来越 yuèláiyuè	忙。 máng.	▶ 일이 점점 더 바빠진다.
⑤ 汉语 Hànyǔ	越来越 yuèláiyuè	难。 nán.	▶ 중국어가 점점 더 어려워진다.

선생님의 노트!

越来越 는 '점점 더', '갈수록'이라는 부사로, 형용사 술어 앞에서 정도가 점점 더 심해짐을 나타내는 부사어입니다.

098 一点儿也不… 조금도 … 하지 않다

yìdiǎnr yě bù

098A

주어	주어	부사어	술어	
① 这道 Zhè dào	菜 cài	一点儿也不 yìdiǎnr yě bù	咸。 xián.	이 요리는 조금도 짜지 않다.
② 这条 Zhè tiáo	裙子 qúnzi	一点儿也不 yìdiǎnr yě bù	短。 duǎn.	이 치마는 조금도 짧지 않다.
③ 这块 Zhè kuài	蛋糕 dàngāo	一点儿也不 yìdiǎnr yě bù	甜。 tián.	이 케이크는 조금도 달지 않다.
④ 这杯 Zhè bēi	咖啡 kāfēi	一点儿也不 yìdiǎnr yě bù	苦。 kǔ.	이 커피는 조금도 쓰지 않다.
⑤ 他的 Tā de	房间 fángjiān	一点儿也不 yìdiǎnr yě bù	脏。 zāng.	그의 방은 조금도 더럽지 않다.

선생님의 노트!

一点儿也不는 '조금도…하지 않다', '전혀 …이 아니다'라는 의미로, 강한 부정의 의미를 가져요.
*'一点儿 yìdiǎnr 조금' + '也 yě …도' + '不 bù …하지 않다'

099A

099 看起来… 보아하니, 보기에 …하다

kànqǐlái

주어	부사어		술어	
① 妹妹 Mèimei	看起来 kànqǐlái	很 hěn	瘦。 shòu.	▶ 여동생은 매우 말라 보인다.
② 妻子 Qīzi	看起来 kànqǐlái	很 hěn	高兴。 gāoxìng.	▶ 아내는 대단히 기뻐 보인다.
③ 汉堡包 Hànbǎobāo	看起来 kànqǐlái	很 hěn	好吃。 hǎochī.	▶ 햄버거는 매우 맛있어 보인다.
④ 毛衣 Máoyī	看起来 kànqǐlái	很 hěn	厚。 hòu.	▶ 스웨터는 대단히 두꺼워 보인다.
⑤ 衬衫 Chènshān	看起来 kànqǐlái	很 hěn	漂亮。 piàoliang.	▶ 블라우스는 매우 예뻐 보인다.

선생님의 노트!

看起来는 '보아하니…하다', '…해 보이다'라는 의미로, 동사 뒤에 방향보어 起来는 주관적인 자신의 견해나 평가를 나타낼 때 쓰여요.

예문 看起来 보아하니 | 听起来 듣자하니

100 不 A 也不 B A하지도 B 하지도 않다

100A

bù yě bù

주어	부사어1	술어1	부사어2	술어2	
① 今天 Jīntiān	不 bù	冷 lěng	也不 yě bú	热。 rè.	▶ 오늘은 춥지도 덥지도 않다.
② 工资 Gōngzī	不 bù	多 duō	也不 yě bù	少。 shǎo.	▶ 월급은 많지도 적지도 않다.
③ 个子 Gèzi	不 bù	高 gāo	也不 yě bù	矮。 ǎi.	▶ 키가 크지도 작지도 않다.
④ 房间 Fángjiān	不 bú	大 dà	也不 yě bù	小。 xiǎo.	▶ 방이 크지도 작지도 않다.
⑤ 裤子 Kùzi	不 bù	长 cháng	也不 yě bù	短。 duǎn.	▶ 바지가 길지도 짧지도 않다.

선생님의 노트!

不 A 也不 B 는 'A하지도 B하지도 않다'라는 의미로, A와 B자리에는 서로 반대 의미의 형용사가 들어가요. 만약 A가 긍정의 의미라면, B는 부정의 의미를 써야 하며, A가 부정의 의미라면, B는 긍정의 의미를 써야 해요.

회화에서 유용하게 쓸 수 있는 표현!

1. 이름 묻기

你叫什么名字？ 당신 이름은 무엇입니까?

Nǐ jiào shénme míngzì?

A: 你叫什么名字？ Nǐ jiào shénme míngzì? 당신 이름은 무엇입니까?
B: 我叫金桐湖。 Wǒ jiào Jīn tóng hú. 제 이름은 김동호입니다.
A: 认识你很高兴。 Rènshi nǐ hěn gāoxìng. 만나서 반갑습니다.
B: 我也很高兴。 Wǒ yě hěn gāoxìng. 저도 반갑습니다.

관련 단어

叫 jiào 동 …라고 부르다　名字 míngzì 명 이름　金桐湖 Jīn tóng hú 고유 (사람이름) 김동호
认识 rènshi 동 알게 되다　高兴 gāoxìng 형 기쁘다

2. 숫자 읽기

一	二	三	四	五	六	七	八	九	十
yī	èr	sān	sì	wǔ	liù	qī	bā	jiǔ	shí
1	2	3	4	5	6	7	8	9	10

二十	三十	四十	五十	六十	七十	八十	九十	一百
èrshí	sānshí	sìshí	wǔshí	liùshí	qīshí	bāshí	jiǔshí	yìbǎi
20	30	40	50	60	70	80	90	100

❶ 백단위 부터는 百라고 읽지 않고, 단위 앞에 숫자 一를 붙여서 一百라고 읽어야 한다.

(예) 一百 yìbǎi 일백 | 一千 yìqiān 일천 | 一万 yíwàn 일만 | 一亿 yíyì 일억

❷ 11,12… 처럼 십의 자리 숫자를 표현할 때, 10은 十로 쓴다.

(예) 十一 shíyī | 十二 shíèr | 十三 shísān | 十四 shísì ……

❸ 하지만 백 단위 숫자를 읽을 때, 10은 '一十'로 쓴다.

(예) 115 一百一十五 | 1516 一千五百一十六

❹ 백단위는 숫자 2가 나오면 二 / 两 두 개 다 가능하다.

(예) 200 二百 / 两百

❺ 천 단위부터는 보통 2000 两千, 20000 两万으로 표현한다. 하지만 10의 자리에서 20은 二十만 가능하며, 两十는 틀린 표현이다.

3. 가족 묻기

你家有几口人？ 너희 집 식구는 몇 명이니?

Nǐ jiā yǒu jǐ kǒu rén?

A: 你家有几口人？ Nǐ jiā yǒu jǐ kǒu rén? 너희 집 식구는 몇 명이니?

B: 我家有五口人。 Wǒ jiā yǒu wǔ kǒu rén. 우리집은 5명의 가족이 있어.

A: 你家都有什么人？ Nǐ jiā dōu yǒu shénme rén? 모두 누가 있니?

B: 有爸爸、妈妈、姐姐、弟弟和我。 Yǒu bàba, māma, jiějie, dìdi hé wǒ. 아빠, 엄마, 언니, 남동생 그리고 나야.

관련 단어

几 jǐ ㊕ 몇　口 kǒu ㊣ 식구를 세는 단위　都 dōu ㊡ 모두, 다

가족 구성원

爸爸 bàba 아빠　妈妈 māma 엄마　哥哥 gēge 형, 오빠

姐姐 jiějie 누나, 언니　弟弟 dìdi 남동생　妹妹 mèimei 여동생

爷爷 yéye 할아버지　奶奶 nǎinai 할머니　叔叔 shūshu 삼촌

姑姑 gūgu 고모　舅舅 jiùjiu 외삼촌　姨母 yímǔ 이모

姨夫 yífu 이모부

회화에서 유용하게 쓸 수 있는 표현!

4. 국적 묻기

你是哪国人？ 당신은 어느 나라 사람입니까?

Nǐ shì nǎ guó rén?

A: 你是哪国人？ Nǐ shì nǎ guó rén? 당신은 어느 나라 사람입니까?

B: 我是韩国人。 Wǒ shì hánguó rén. 저는 한국인입니다.

A: 他也是韩国人吗？ Tā yěshì Hánguórén ma? 저 사람도 한국인입니까?

B: 不是。他是中国人。 Bú shì. Tā shì Zhōngguórén. 아니요. 그는 중국인입니다.

관련 단어

哪 nǎ 대 어느 [의문대명사 哪는 어디 라는 뜻으로 문장에서 吗 없이도 의문문을 만들 수 있다.]

나라 이름

韩国 Hánguó 한국	中国 Zhōngguó 중국	日本 Rìběn 일본
越南 Yuènán 베트남	美国 Měiguó 미국	英国 Yīngguó 영국
法国 Fàguó 프랑스	德国 Déguó 독일	意大利 Yìdàlì 이탈리아

5. 나이 묻기 [동년배]

你今年多大？ 당신은 올해 몇 살입니까?

Nǐ jīnnián duō dà?

TIP 손윗사람 물을 때 多大年纪?
Nín duō dà niánjì?
아이에게 물을 때 你今年几岁?
Nǐ jīnnián jǐ suì?

A: 你今年多大？ Nǐ jīnnián duō dà? 당신은 올해 몇 살입니까?

B: 我今年二十五(岁)。 Wǒ jīnnián èrshíwǔ (suì). 저는 올해 25살입니다.

A: 你呢？ Nǐ ne? 당신은요?

B: 我二十四。 Wǒ èrshísì. 저는 24살입니다.

관련 단어

多 duō 부 얼마나 [의문문에 쓰여서 '얼마나'라는 정도를 나타낸다.] 岁 suì 명 살, 세

6. 시간 묻기

现在几点？ 지금 몇 시야?

Xiànzài jǐ diǎn?

A: 现在几点？ Xiànzài jǐ diǎn? 지금 몇 시야?
B: 现在两点半。 Xiànzài liǎng diǎn bàn. 지금 두 시 반이야.
A: 你几点下班？ Nǐ jǐ diǎn xiàbān? 너 언제 퇴근해?
B: 我晚上七点下班。 Wǒ wǎnshang qī diǎn xiàbān. 나는 저녁 7시에 퇴근해.

관련 단어

点 diǎn 명 시　分 fēn 명 분　早上 zǎoshang 명 아침　上午 shàngwǔ 명 오전
中午 zhōngwǔ 명 정오　下午 xiàwǔ 명 오후　晚上 wǎnshang 명 저녁

시간 읽기

一点	两点	三点	四点	五点	六点	七点	八点	九点	十点	十一点	十二点
yī diǎn	liǎng diǎn	sān diǎn	sì diǎn	wǔ diǎn	liù diǎn	qī diǎn	bā diǎn	jiǔ diǎn	shí diǎn	shí yī diǎn	shí èr diǎn
1시	2시	3시	4시	5시	6시	7시	8시	9시	10시	11시	12시

❶ 2:00 两点 liǎng diǎn

❷ 2:05 两点零五分 liǎng diǎn líng wǔ fēn

*10분 미만을 말할 때는 零을 붙여 표현한다는 것을 알아 두자.

❸ 2:10 两点十分 liǎng diǎn shí fēn

❹ 2:15 两点十五分 liǎng diǎn shíwǔ fēn

两点一刻 liǎng diǎn yíkè

* 刻 양사로 15분이라는 뜻. 一刻는 15분, 三刻는 45분이다.

❺ 2:30 两点三十分 liǎng diǎn sānshí fēn

两点半 liǎng diǎn bàn

* 半 은 반이라는 뜻. 两刻 로 표현하지 않는다.

회화에서 유용하게 쓸 수 있는 표현!

7. 요일 묻기

今天几月几号？ 오늘은 몇 월 몇 일이니?
Jīntiān jǐ yuè jǐ hào?

A: 今天几月几号？ Jīntiān jǐ yuè jǐ hào? 오늘은 몇 월 며칠이니?
B: 8月14号。 Bā yuè shísì hào. 8월 14일이야.
A: 星期几？ Xīngqī jǐ? 무슨 요일이야?
B: 星期三。 Xīngqīsān. 수요일이야.

+ 달력 읽기

7月

星期日 xīngqīrì	星期一 xīngqīyī	星期二 xīngqī'èr	星期三 xīngqīsān	星期四 xīngqīsì	星期五 xīngqīwǔ	星期六 xīngqīliù
	1	2	3	4	5	6
7	8	9	10	11	12	13
14	15 前天	16 昨天	17 今天	18 明天	19 后天	20
21	22	23	24	25	26	27
28	29	30	31			

星期一	星期二	星期三	星期四	星期五	星期六	星期日/星期天
xīngqīyī	xīngqīèr	xīngqīsān	xīngqīsì	xīngqīwǔ	xīngqīliù	xīngqīrì / xīngqītiān
월요일	화요일	수요일	목요일	금요일	토요일	일요일

一月	二月	三月	四月	五月	六月	七月	八月	九月	十月	十一月	十二月
yī yuè	èr yuè	sān yuè	sì yuè	wǔ yuè	liù yuè	qī yuè	bā yuè	jiǔ yuè	shí yuè	shíyī yuè	shíèr yuè
1월	2월	3월	4월	5월	6월	7월	8월	9월	10월	11월	12월

前天	昨天	今天	明天	后天
qiántiān	zuótiān	jīntiān	míngtiān	hòutiān
그저께	어제	오늘	내일	모레

前年	去年	今年	明年	后年
qiánnián	qùnián	jīnnián	míngnián	hòunián
재작년	작년	올해	내년	내후년

8. 금액 묻기

多少钱? 얼마입니까?

Duōshǎo qián?

A: 西瓜多少钱? Xīguā duōshǎo qián? 수박은 얼마인가요?

B: 两块一斤。Liǎng kuài yì jīn. 한 근에 2위안이에요.

A: 给我五斤吧。一共多少钱? Gěi wǒ wǔ jīn ba. Yígòng duōshǎo qián? 다섯근 주세요.

B: 一共十块。Yígòng shí kuài. 합쳐서 10위안이에요.

돈 읽기

块 kuài (=元 yuán), 毛 máo(=角 jiǎo), 分 fēn

10.56元 十块 五毛 六(分)

10.5元 十块五(毛)

10.05元 十块零五(分)

9. 키 묻기

他个子多高? 그는 키가 몇입니까?

Tā gèzi duō gāo?

A: 他个子多高? Tā gèzi duō gāo? 그의 키는 몇입니까?

B: 一米八。很高。Yī mǐ bā. Hěn gāo. 1미터 80이에요. 매우 커요.

A: 他多重? Tā duō zhòng? 그는 몸무게가 몇 입니까?

B: 七十公斤。Qīshí gōngjīn. 70 킬로그램이에요.

관련 단어

米 mǐ 미터 (m) 厘米 límǐ 센티미터 (cm) 公斤 gōngjīn 킬로그램 (kg)

多 duō 부 얼마나

회화에서 유용하게 쓸 수 있는 표현!

10. 날씨 묻기

今天天气怎么样？ 오늘 날씨는 어떻습니까?

Jīntiān tiānqì zěnmeyàng?

A: 今天天气怎么样？ Jīntiān tiānqì zěnmeyàng? 오늘 날씨는 어떻습니까?
B: 很热。 Hěn rè. 매우 더워요.
A: 明天天气怎么样？ Míngtiān tiānqì zěnmeyàng? 내일 날씨는 어때요?
B: 听说明天会下雨。 Tīngshuō míngtiān huì xià yǔ. 듣자하니, 내일은 비가 온대요.

관련 단어

怎么样 zěnmeyàng 대 어떻습니까?

+ 날씨

暖和 nuǎnhuo 따뜻하다　热 rè 덥다　凉快 liángkuai 시원하다
冷 lěng 춥다　刮风 guā fēng 바람이 불다　下雨 xià yǔ 비가 오다
下雪 xià xuě 눈이 오다

11. 계절 묻기

你喜欢什么季节？ 너는 무슨 계절을 좋아하니?

Nǐ xǐhuan shénme jìjié?

A: 你喜欢什么季节？ Nǐ xǐhuan shénme jìjié? 너는 무슨 계절을 좋아하니?
B: 我最喜欢春天。 Wǒ zuì xǐhuan chūntiān. 나는 봄을 가장 좋아해.
A: 为什么？ Wèishéme? 왜?
B: 春天不冷也不热。 Chūntiān bù lěng yě bú rè. 봄은 춥지도 덥지도 않거든.

관련 단어

季节 jìjié 명 계절　喜欢 xǐhuan 동 좋아하다　最 zuì 부 가장　为什么 wèishéme 대 왜
春天 chūntiān 명 봄　不A也不B A하지도 B하지도 않다.

계절

夏天 xiàtiān 명 여름　　秋天 qiūtiān 명 가을　　冬天 dōngtiān 명 겨울

12. 성격 묻기

她性格怎么样？ 그녀의 성격은 어떻습니까?

Tā xìnggé zěnmeyàng?

A: 她性格怎么样？ Tā xìnggé zěnmeyàng? 그녀의 성격은 어떻니?

B: 她又温柔又开朗。 Tā yòu wēnróu yòu kāilǎng. 그녀는 상냥하고 유쾌해.

A: 她长得怎么样？ Tā zhǎng de zěnmeyàng? 그녀는 어떻게 생겼니?

B: 很漂亮。 Hěn piàoliang. 그녀는 아주 예뻐.

관련 단어

性格 xìnggé 명 성격　又A又B A하기도 하고 B 하기도 하다　温柔 wēnróu 형 온화하다
开朗 kāilǎng 형 명랑하다　长 zhǎng 동 생기다　漂亮 piàoliang 형 예쁘다

성격 단어

积极 jījí 형 긍정적이다, 적극적이다
大方 dàfāng 형 대범하다
亲切 qīnqiè 형 친절하다
细心 xìxīn 형 세심하다
粗心 cūxīn 형 세심하지 못하다
消极 xiāojí 형 부정적이다, 소극적이다
热情 rèqíng 형 친절하다, 열정적이다
幽默 yōumò 형 유머러스하다
周到 zhōudào 형 주도면밀하다
小气 xiǎoqì 형 소심하다

회화에서 유용하게 쓸 수 있는 표현!

13. 색깔 묻기

你喜欢什么颜色？ 너는 무슨 색을 좋아하니?

Nǐ xǐhuan shénme yánsè?

A: 你喜欢什么颜色？ Nǐ xǐhuan shénme yánsè? 너는 무슨 색을 좋아하니?
B: 我喜欢蓝色。 Wǒ xǐhuan lánsè. 나는 파란색을 좋아해.
A: 为什么？ Wèishéme? 왜?
B: 看起来很凉快。 Kànqǐlái hěn liángkuai. 보기에 매우 시원해 보여서.

관련 단어

颜色 yánsè 명 색깔 蓝色 lánsè 명 파란색 看起来 kànqǐlái 동 보아하니
凉快 liángkuai 형 시원하다

+ 색깔

红色 hóngsè 빨간색
橙色 chéngsè 오렌지색
蓝色 lánsè 파란색
淡紫色 dànzǐsè 연보라색
黑色 hēisè 검정색
粉红色 fěnhóngsè 분홍색
黄色 huángsè 노란색
天蓝色 tiānlánsè 하늘색
白色 báisè 흰색
朱黄色 zhūhuángsè 주황색
绿色 lǜsè 녹색
紫色 zǐsè 보라색
灰色 huīsè 회색

14. 스포츠 묻기

你喜欢什么运动？ 너는 무슨 운동을 좋아하니?

Nǐ xǐhuan shénme yùndòng?

A: 你喜欢什么运动？ Nǐ xǐhuan shénme yùndòng? 너는 무슨 운동을 좋아하니?
B: 我喜欢游泳。你呢？ Wǒ xǐhuan yóuyǒng. Nǐ ne? 나는 수영하는 걸 좋아해. 너는?
A: 我喜欢爬山。 Wǒ xǐhuan páshān. 나는 등산을 좋아해.
B: 有时间一起去吧。 Yǒu shíjiān yīqǐ qù ba. 시간 날 때 같이 가자.

관련 단어

运动 yùndòng 명 운동 동 운동하다　游泳 yóuyǒng 동 수영하다

爬山 páshān 동 등산하다

운동 종류

跑步 pǎobù 달리기하다

打高尔夫球 dǎ gāo'ěrfū qiú 골프치다

打棒球 dǎ bàngqiú 야구하다

游泳 yóuyǒng 수영하다

滑雪 huáxuě 스키타다

踢足球 tī zúqiú 축구하다

打网球 dǎ wǎngqiú 테니스 치다

打篮球 dǎ lánqiú 농구하다

爬山 páshān 등산하다

滑冰 huábīng 스케이트 타다

중국어의 발음!

	a	o	e	-i	u	ü	ao	ai	an	ang	ou	ong	ei	en	eng	er	i
b	ba	bo			bu		bao	bai	ban	bang			bei	ben	beng		bi
p	pa	po			pu		pao	pai	pan	pang	pou		pei	pen	peng		pi
m	ma	mo	me		mu		mao	mai	man	mang	mou		mei	men	meng		mi
f	fa	fo			fu				fan	fang	fou		fei	fen	feng		
d	da		de		du		dao	dai	dan	dang	dou	dong	dei	den	deng		di
t	ta		te		tu		tao	tai	tan	tang	tou	tong			teng		ti
n	na		ne		nu	nü	nao	nai	nan	nang	nou	nong	nei	nen	neng		ni
l	la		le		lu	lü	lao	lai	lan	lang	lou	long	lei		leng		li
g	ga		ge		gu		gao	gai	gan	gang	gou	gong	gei	gen	geng		
k	ka		ke		ku		kao	kai	kan	kang	kou	kong	kei	ken	keng		
h	ha		he		hu		hao	hai	han	hang	hou	hong	hei	hen	heng		
j						ju											ji
q						qu											qi
x						xu											xi
zh	zha		zhe	zhi	zhu		zhao	zhai	zhan	zhang	zhou	zhong	zhei	zhen	zheng		
ch	cha		che	chi	chu		chao	chai	chan	chang	chou	chong		chen	cheng		
sh	sha		she	shi	shu		shao	shai	shan	shang	shou		shei	shen	sheng		
r			re	ri	ru		rao		ran	rang	rou	rong		ren	reng		
z	za		ze	zi	zu		zao	zai	zan	zang	zou	zong	zei	zen	zeng		
c	ca		ce	ci	cu		cao	cai	can	cang	cou	cong		cen	ceng		
s	sa		se	si	su		sao	sai	san	sang	sou	song		sen	seng		
	a	o	e		wu	yu	ao	ai	an	ang	ou		ei	en	eng	er	yi

iao	iou	ian	iang	iong	in	ing	ua	uo	uai	uan	uang	uei	uen	ueng	üe	üan	ün
biao		bian			bin	bing											
piao		pian			pin	ping											
miao	miu	mian			min	ming											
diao	diu	dian				ding		duo		duan		dui	dun				
tiao		tian				ting		tuo		tuan		tui	tun				
niao	niu	nian	niang		nin	ning		nuo		nuan					nüe		
liao	liu	lian	liang		lin	ling		luo		luan			lun		lüe		
							gua	guo	guai	guan	guang	gui	gun				
							kua	kuo	kuai	kuan	kuang	kui	kun				
							hua	huo	huai	huan	huang	hui	hun				
jiao	jiu	jian	jiang	jiong	jin	jing									jue	juan	jun
qiao	qiu	qian	qiang	qiong	qin	qing									que	quan	qun
xiao	xiu	xian	xiang	xiong	xin	xing									xue	xuan	xun
							zhua	zhuo	zhuai	zhuan	zhuang	zhui	zhun				
							chua	chuo	chuai	chuan	chuang	chui	chun				
							shua	shuo	shuai	shuan	shuang	shui	shun				
							rua	ruo		ruan		rui	run				
								zuo		zuan		zui	zun				
								cuo		cuan		cui	cun				
								suo		suan		sui	sun				
yao	you	yan	yang	yong	yin	ying	wa	wo	wai	wan	wang	wei	wen	weng	yue	yuan	yun

발음 1

a	o	e	er	
ai	ei	ao	ou	
an	en	ang	eng	ong

❶ e 는 '(으)어'로 발음한다.

❷ e 뒤에 성모가 오면 원래 발음 그대로 발음하지만, e 뒤에 운모i 가 오면 '에'발음으로 바뀐다.

he (흐)허 | hei (흐)헤이

발음 2

i	ia	iao	ie	iu (iou)	ian	in	iang	ing	iong
bi		biao	bie		bian	bin		bing	
pi		piao	pie		pian	pin		ping	
mi		miao	mie	miu	mian	min		ming	
di		diao	die	diu	dian			ding	
ti		tiao	tie		tian			ting	
ni		niao	nie	niu	nian	nin	niang	ning	
li	lia	liao	lie	liu	lian	lin	liang	ling	
ji	jia	jiao	jie	jiu	jian	jin	jiang	jing	jiong
qi	qia	qiao	qie	qiu	qian	qin	qiang	qing	qiong
xi	xia	xiao	xie	xiu	xian	xin	xiang	xing	xiong
yi	ya	yao	ye	you	yan	yin	yang	ying	yong

❶ i는 '이'로 발음한다.

❷ i 앞에 성모 없이 단독으로 쓰일 때는 yi로 표기한다.

❸ iu는 표기할때는 iu로 표기하지만, 발음은 i와 u 사이에 '어'를 짧게 넣어 발음한다. 단독으로 쓰일 때는 you로 발음한다.

❹ an은 원래 '안'으로 발음한다. 하지만 앞에 i뒤에 an이 붙은 ian은 '이옌'으로 발음한다.

발음 3

u	ua	uo	uai	ui(uei)	uan	un(uen)	uang	ueng
bu								
pu								
mu								
fu								
du		duo		dui	duan	dun		
tu		tuo		tui	tuan	tun		
nu		nuo			nuan			
lu		luo			luan	lun		
gu	gua	guo	guai	gui	guan	gun	guang	
ku	kua	kuo	kuai	kui	kuan	kun	kuang	
hu	hua	huo	huai	hui	huan	hun	huang	
wu	wa	wo	wai	wei	wan	wen	wang	weng

❶ u는 '우'로 발음한다.

❷ u 앞에 성모 없이 u 혼자 쓰일 때는 wu로 표기한다.

❸ ui는 표기할 때는 ui로 표기하지만, 발음은 u와 i 사이에 '에' 를 짧게 넣어 '우(에)이'로 발음한다. 단독으로 쓰일 때는 wei(웨이)로 발음한다.

❹ un는 표기할 때는 un으로 표기하지만, 발음은 u와 n 사이에 '(으)어'를 짧게 넣어 '우(어)ㄴ' 으로 발음한다. 단독으로 쓰일 때는 wen(원)으로 발음한다.

발음 4

ji	jia	jiao	jie	jiu	jian	jin	jiang	jing	jiong
qi	qia	qiao	qie	qiu	qian	qin	qiang	qing	qiong
xi	xia	xiao	xie	xiu	xian	xin	xiang	xing	xiong

▶ j, q, x 뒤에 i 는 '이'로 발음한다.

zhi	zhu	zhua	zhuo	zhuai	zhui	zhuan	zhun	zhuang
chi	chu	chua	chuo	chuai	chui	chuan	chun	chuang
shi	shu	shua	shuo	shuai	shui	shuan	shun	shuang
ri	ru	rua	ruo		rui	ruan	run	
zi	zu		zuo		zui	zuan	zun	
ci	cu		cuo		cui	cuan	cun	
si	su		suo		sui	suan	sun	

▶ z, c, s, zh, ch, sh, r 뒤에 –i 는 '으' 로 발음한다.

발음 5

ü	üe	üan	ün
nü	nüe		
lü	lüe		
ju	jue	juan	jun
qu	que	quan	qun
xu	xue	xuan	xun
yu	yue	yuan	yun

❶ ü 는 '위'로 발음한다. 성모 없이 표기될 땐, ü 앞에 y를 붙인다.
이때 ü의 점은 삭제하고 u로 표기하며, 발음은 똑같이 '위'로 한다.

ü ⇒ yu (위)

입모양은 '우' 로 하고, 소리만 '위' 로 내는 것에 주의하자.

❷ j, q, x 뒤에 u는 사실은 ü 발음인데, 점 없이 표기해 놓은 것이므로,
'쮜(ju), 취(qu), 쉬(xu)'로 발음한다. '우'로 발음하지 않도록 주의하자.

성조

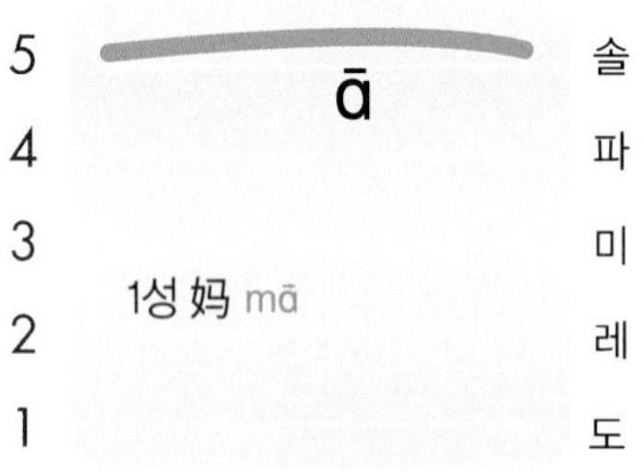

1성

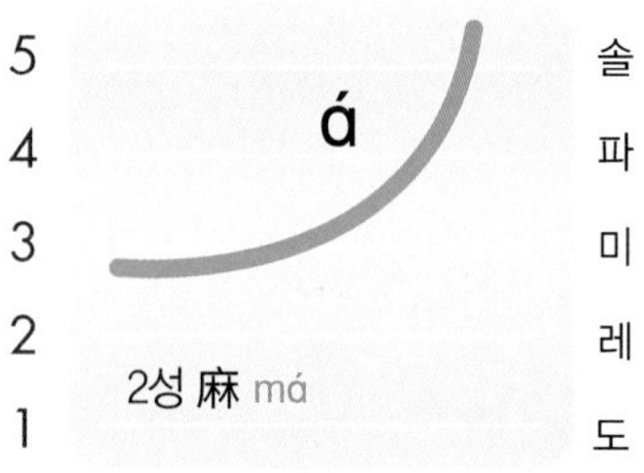

2성

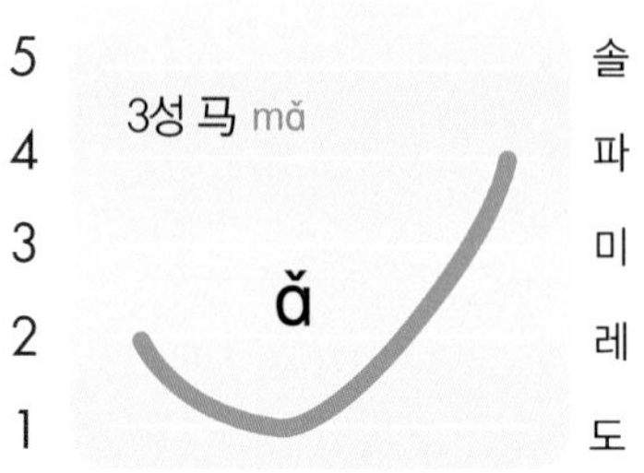

3성

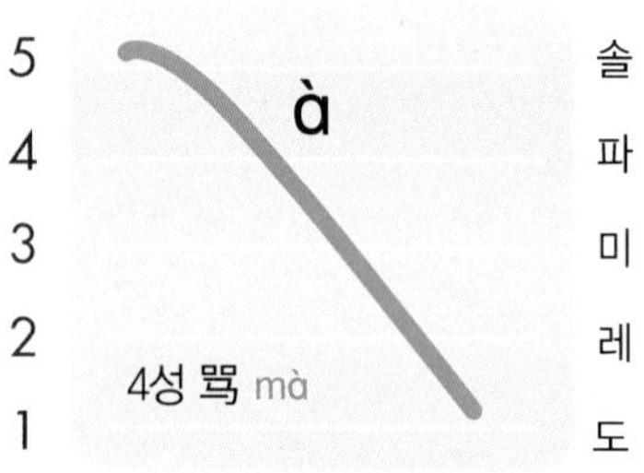

4성

성조연습

bā	bá	bǎ	bà
gā	gá	gǎ	gà
lā	lá	lǎ	là
wā	wá	wǎ	wà

dā	dá	dǎ	dà
hā	há	hǎ	hà
nā	ná	nǎ	nà

1성+1성 ā ā
1성+2성 ā á
1성+3성 ā ǎ
1성+4성 ā à

2성+1성 á ā
2성+2성 á á
2성+3성 á ǎ
2성+4성 á à

3성+1성 = 반3성+1성 ǎ ā
3성+2성 = 반3성+2성 ǎ á
3성+3성 = 2성+3성 ǎ ǎ
3성+4성 = 반3성+4성 ǎ à

4성+1성 à ā
4성+2성 à á
4성+3성 à ǎ
4성+4성 à à

성조변화

不의 성조변화

不 는 원래 4성이다. 하지만 不 뒤에 4성이 올 경우 不는 2성으로 바꿔 발음한다.

1. bù + 1성 bù dāng | bù cā
2. bù + 2성 bù hé | bù jí
3. bù + 3성 bù gǎn | bù jǐn
4. bú + 4성 bú shì | bú fàng

정답

배운 것을 연습해 보아요!

p.25

1.

❶ 电视	lǎobǎn	사장
❷ 韩国歌	diànshì	영어
❸ 英语	yīngyǔ	한국 노래
❹ 老板	Zhōngguó	TV
❺ 中国	hánguó gē	중국

2. ❶ 我不想看电影。
❷ 你听歌吗?
❸ 我不想学汉语。
❹ 我想见女朋友。
❺ 我不去百货商店。

3. ❶ Wǒ kàn xīnwén. 나는 신문을 본다.
❷ Wǒ bù xiǎng tīng lùyīn.
나는 녹음을 듣고 싶지 않다.
❸ Wǒ xué guǎngchǎngwǔ. 나는 광장무를 배운다.
❹ Wǒ jiàn fùzérén. 나는 책임자를 만난다.
❺ Wǒ qù kāfēitīng. 나는 카페에 간다.

p.37

1.

❶ 彩票	chuānghu	운동화
❷ 韩语课	yùndòngxié	목걸이
❸ 窗户	xiàngliàn	한국어 수업
❹ 运动鞋	hányǔ kè	복권
❺ 项链	cǎipiào	창문

2. ❶ 我想买衣服。
❷ 你上汉语课吗?
❸ 我不想戴手表。

3. ❶ 你买裤子吗?
❷ 我不上英语课。
❸ 我不擦地板。
❹ 我不想穿连衣裙。
❺ 我没戴眼镜。

p.51

1.

❶ 方便面	fāngbiànmiàn	과일주스
❷ 果汁	zīliào	자료
❸ 钱包	qiánbāo	고속철도
❹ 高铁	gāotiě	라면
❺ 资料	guǒzhī	지갑

2. ❶ 我要吃面包。
❷ 我不想坐地铁。
❸ 他整理行李吗?

3. ❶ 你吃寿司吗?
❷ 我不想喝啤酒。
❸ 我不想找工作。
❹ 他没整理房间。
❺ 我不想坐飞机。

p.63

1.

❶ 洗碗	jiějué bànfǎ	돈
❷ 钱	dìfang	짐, 여행가방
❸ 解决办法	qián	해결방법
❹ 地方	xíngli	설거지하다
❺ 行李	xǐ wǎn	장소

2. ❶ 我不想洗衣服。
❷ 他不想安排计划。
❸ 我们不想商量旅游计划。

3. ❶ 我要洗脸。
❷ 我们想商量工作。
❸ 他没安排地方。
❹ 我不换车。
❺ 我没拿快递。

정답

배운 것을 연습해 보아요!

p.77

1.

❶ 地址	xiàohua	요리하다
❷ 笑话	dǎ	치다, 때리다
❸ 作业	zuò cài	우스갯소리, 농담
❹ 打	dìzhǐ	숙제
❺ 做菜	zuòyè	주소

2. ❶ 我能写报告。
❷ 奶奶不讲故事。
❸ 我不能做工作。
❹ 我能打高尔夫球。
❺ 他能教我做菜。

3. ❶ Wǒ xiě dìzhǐ. 나는 주소를 쓴다.
❷ Tā jiǎng xiàohua. 그는 옛날 이야기를 한다.
❸ Wǒ néng zuò yóuxì. 나는 게임을 한다.
❹ Wǒ dǎ bàngqiú. 나는 야구를 한다.
❺ Tā bù néng jiāo wǒ yīngyǔ. 그는 나에게 영어를 가르칠 수 없다.

p.89

1.

❶ 桌子	kǎoshì	시험
❷ 椅子	chuánzhēn	의자
❸ 考试	hūnlǐ	결혼식
❹ 婚礼	yǐzi	책상
❺ 传真	zhuōzi	팩스

2. ❶ 我给你钥匙。
❷ 他不能来机场。
❸ 床上不能放衣服。
❹ 你参加考试吗?
❺ 我能发短信。

3. ❶ Wǒ gěi nǐ wēixìn hào. 나는 너에게 위챗 아이디를 준다.
❷ Tā bù néng lái bàngōngshì. 그는 사무실에 올 수 없다.
❸ Yǐzi shàng fàngzhe xíngli ma? 의자 위에 짐이 놓여 있니?
❹ Wǒ cānjiā huìyì. 나는 회의에 참가한다.
❺ Wǒ méi fā chuánzhēn. 나는 팩스를 보내지 않았다.

p.103

1. ❹

2. ❶ 他不会说越南语。
❷ 你骑摩托车吗?
❸ 他不会开公共汽车。
❹ 我点中国菜。
❺ 他不会唱英语歌。

3. ❶ Wǒ huì qí mǎ. 나는 말을 탈 줄 안다.
❷ Tā bú huì shuō yīngyǔ. 그는 영어로 말할 줄 모른다.
❸ Wǒ bú chàng zhōngwén gē. 나는 중국 노래를 부르지 않는다.
❹ Wǒ kāi chūzūchē. 나는 택시를 운전한다.
❺ Wǒ huì diǎn sìchuāncài. 나는 사천음식을 주문할 수 있다.

p.117

1. ❹, ❺

2. ❶ 你回宿舍吗?
❷ 他不可以拍电影。
❸ 我不开窗户。
❹ 他不可以带手机。
❺ 他们不可以卖股票。

3. ❶ Wǒ kěyǐ huí sùshè. 나는 기숙사로 돌아가도 된다.
❷ Tā bù pāi diànshìjù. 그는 드라마를 찍지 않는다.
❸ Nǐ kěyǐ kāi mén. 너는 문을 열어도 된다.
❹ Tā dài háizi ma? 그는 아이를 데리고 오니?
❺ Tāmen mài cǎipiào. 그들은 복권을 판다.

정답

배운 것을 연습해 보아요!

p.131

1. ❶ 有
❷ 在
❸ 是

2. ❶ 他不是大夫。
❷ 爸爸不在中国吗?
❸ 我没有笔记本电脑。

3. ❶ 我没有手机。
❷ 这是西瓜吗?
❸ 公司在不在首尔?
❹ 我不打算去游泳。
❺ 我不喜欢红色。

4. ❶ 谁
❷ 哪儿
❸ 什么
❹ 什么时候
❺ 为什么

p.151

1.

	뜻	한자	한어병음
❶	맛있다	好吃	hǎochī
❷	신선하다	新鲜	xīnxiān
❸	달다	甜	tián
❹	짜다	咸	xián
❺	맵다	辣	là

2. ❶ 火锅好不好吃?
❷ 这些海鲜特别新鲜。
❸ 这块蛋糕特别甜。
❹ 这道大酱汤咸不咸?
❺ 麻辣烫很辣。

3. ❶ Shòusī tèbié hǎochī. 초밥은 특히 맛있다.
❷ Zhè xiē shēngyúpiàn hěn xīnxiān.
이 초밥(들)은 매우 신선하다.
❸ Zhè kuài bǐnggān tián bu tián?
이 과자는 달아, 안 달아?
❹ Zhè dào pàocàitāng tèbié xián.
이 김치찌개는 특히 짜다.
❺ Sìchuāncài là ma? 사천음식은 맵니?

p.165

1.

	뜻	한자	한어병음
❶	키가 크다	高	gāo
❷	귀엽다	可爱	kě'ài
❸	예쁘다	漂亮	piàoliang
❹	뚱뚱하다	胖	pàng
❺	마르다	瘦	shòu

2. ❶ 他个子很高。
❷ 这只小狗太可爱了。
❸ 女朋友漂亮吗?
❹ 爸爸不胖。
❺ 妈妈不瘦。

3. ❶ Nà zuò shān tài gāo le. 저 산은 정말 높다.
❷ Zhè zhī xiǎomāo bù kě'ài.
이 고양이는 귀엽지 않다.
❸ Tā de nǚ'ér piào bu piàoliang?
그의 딸은 예쁘니, 안 예쁘니?
❹ Yéye pàng ma? 할아버지는 뚱뚱하니?
❺ Mèimei tài shòu le. 여동생은 너무 말랐다.

정답

배운 것을 연습해 보아요!

p.179

1.

	뜻	한자	한어병음
❶	바쁘다	忙	máng
❷	피곤하다	累	lèi
❸	졸리다	困	kùn
❹	배고프다	饿	è
❺	어렵다	难	nán

2. ❶ 工作忙不忙?
❷ 叔叔有点儿累。
❸ 爷爷有点儿困。
❹ 儿子饿吗?
❺ 考试不难。

3. ❶ Gōngzuò bù máng. 업무가 바쁘지 않다.
❷ Jiùjiu lèi bu lèi? 외삼촌은 피곤하니, 안 피곤하니?
❸ Nǚ'ér yǒudiǎnr è. 딸은 조금 배고프다.
❹ Nǎinai kùn bu kùn? 할머니, 졸리세요, 안 졸리세요?
❺ Hànyǔ hěn nán. 중국어는 매우 어렵다.

p.191

1.

	뜻	한자	한어병음
❶	비싸다	贵	guì
❷	싸다	便宜	piányi
❸	더럽다	脏	zāng
❹	깨끗하다	干净	gānjìng
❺	조용하다	安净	ānjìng

2. ❶ 这双运动鞋非常贵。
❷ 这条裙子很便宜。
❸ 窗户脏吗?
❹ 厨房很干净。
❺ 教室里很安静。

3. ❶ Zhè shuāng wàzi fēicháng guì.
이 양말은 대단히 비싸다.
❷ Zhè tiáo niúzǎikù pián bu piányi?
이 청바지는 싸니, 안 싸니?
❸ Fángjiān zāng bu zāng?
방은 더럽니, 안 더럽니?
❹ Xǐshǒujiān fēicháng gānjìng.
화장실은 대단히 깨끗하다.
❺ Jiāli ānjìng ma? 집 안은 조용하니?

p.203

1.

	뜻	한자	한어병음
❶	덥다	热	rè
❷	춥다	冷	lěng
❸	따뜻하다	暖和	nuǎnhuo
❹	건조하다	干燥	gānzào
❺	서늘하다	凉快	liángkuai

2. ❶ 夏天热吗?
❷ 冬天不冷。
❸ 春天不暖和。
❹ 气候很干燥。
❺ 秋天凉快吗?

3. ❶ Yuènán fēicháng rè. 베트남은 대단히 덥다.
❷ Běijīng lěng bu lěng? 베이징은 춥니, 안 춥니?
❸ Xiàwēiyí fēicháng nuǎnhuo.
하와이는 대단히 따뜻하다.
❹ Yǎnjing bù gānzào. 눈이 건조하지 않다.
❺ Nàli liángkuai ma? 그곳은 서늘하니?

정답

배운 것을 연습해 보아요!

p.215

1.

뜻	한자	한어병음
❶ 두껍다	厚	hòu
❷ 무겁다	重	zhòng
❸ 길다	长	cháng
❹ 크다	大	dà
❺ 많다	多	duō

2. ❶ 这本书厚吗?
❷ 书包不重。
❸ 这条路挺长的。
❹ 声音大吗?
❺ 公司职员很多。

3. ❶ Zhè jiàn máoyī hěn hòu.
이 스웨터는 매우 두껍다.
❷ Xiāngzi zhòng bu zhòng?
상자는 무겁니, 안 무겁니?
❸ Zhè tiáo qúnzi cháng bu cháng?
이 치마는 길어, 안 길어?
❹ Gōngzuò yālì tǐng dà de.
업무 스트레스가 꽤 많다.
❺ Gōngzī hěn duō. 월급이 매우 많다.

p.229

1.

뜻	한자	한어병음
❶ 기뻐하다	高兴	gāoxìng
❷ 만족하다	满意	mǎnyì
❸ 긴장하다	紧张	jǐnzhāng
❹ 슬퍼하다	难过	nánguò
❺ 행복하다	幸福	xìngfú

2. ❶ 儿子十分高兴。
❷ 顾客满意吗?
❸ 新职员紧不紧张?
❹ 他不难过。
❺ 妻子十分幸福。

3. ❶ Qīzi shífēn gāoxìng. 아내는 아주 기뻐한다.
❷ Chéngjì mǎn bu mǎnyì?
성적이 만족스럽니, 아니니?
❸ Fúwùyuán bù jǐnzhāng.
종업원은 긴장하지 않았다.
❹ Péngyou hěn nánguò. 친구는 아주 슬퍼한다.
❺ Zhàngfu xìngfú ma? 남편은 행복해하니?

p.243

1.

뜻	한자	한어병음
❶ 중요하다	重要	zhòngyào
❷ 편리하다	方便	fāngbiàn
❸ 간단하다	简单	jiǎndān
❹ 유명하다	有名	yǒumíng
❺ 똑똑하다	聪明	cōngming

2. ❶ 这份报告不重要。
❷ 网上购物方便吗?
❸ 儿子最聪明。
❹ 这种方法最简单。
❺ 这本小说有没有名?

3. ❶ Zhè cì fābiǎo hěn zhòngyào.
이번 발표는 매우 중요하다.
❷ Zhīfùbǎo fāngbiàn ma?
알리페이는 편리하니?
❸ Zhè dào tí jiǎn bu jiǎndān?
이 문제는 간단하니, 안 간단하니?
❹ Zhè běn xiǎoshuō zuì yǒumíng.
이 소설이 가장 유명하다.
❺ Wǒ de háizi zuì cōngming.
우리 아이가 가장 똑똑하다.

정답

배운 것을 연습해 보아요!

p.257

1.

	뜻	한자	한어병음
❶	아프다	疼	téng
❷	좋다	好	hǎo
❸	성실하다	认真	rènzhēn
❹	세심하다	细心	xìxīn
❺	건강하다	健康	jiànkāng

2.
❶ 胃很疼。
❷ 关系好不好?
❸ 金部长很认真。
❹ 领导不太细心。
❺ 奶奶健康吗?

3.
❶ Yāo téng bu téng? 허리가 아프니, 안 아프니?
❷ Kōngqì hǎo bu hǎo? 공기가 좋니, 안 좋니?
❸ Xīnzhíyuán bú tài rènzhēn.
신입사원은 그다지 성실하지 않다.
❹ Lǎoshī hěn xìxīn. 선생님은 매우 세심하다.
❺ Bàba jiàn bu jiànkāng?
아빠는 건강하시니, 안 건강하시니?

MEMO

MEMO

MEMO